Adrian Gostick und Chester Elton

Der unsichtbare Mitarbeiter

200 Jahre Wiley – Wissen für Generationen

Jede Generation hat besondere Bedürfnisse und Ziele. Als Charles Wiley 1807 eine kleine Druckerei in Manhattan gründete, hatte seine Generation Aufbruchsmöglichkeiten wie keine zuvor. Wiley half, die neue amerikanische Literatur zu etablieren. Etwa ein halbes Jahrhundert später, während der »zweiten industriellen Revolution« in den Vereinigten Staaten, konzentrierte sich die nächste Generation auf den Aufbau dieser industriellen Zukunft. Wiley bot die notwendigen Fachinformationen für Techniker, Ingenieure und Wissenschaftler. Das ganze 20. Jahrhundert wurde durch die Internationalisierung vieler Beziehungen geprägt – auch Wiley verstärkte seine verlegerischen Aktivitäten und schuf ein internationales Netzwerk, um den Austausch von Ideen, Informationen und Wissen rund um den Globus zu unterstützen.

Wiley begleitete während der vergangenen 200 Jahre jede Generation auf ihrer Reise und fördert heute den weltweit vernetzten Informationsfluss, damit auch die Ansprüche unserer global wirkenden Generation erfüllt werden und sie ihr Ziel erreicht. Immer rascher verändert sich unsere Welt, und es entstehen neue Technologien, die unser Leben und Lernen zum Teil tiefgreifend verändern. Beständig nimmt Wiley diese Herausforderungen an und stellt für Sie das notwendige Wissen bereit, das Sie neue Welten, neue Möglichkeiten und neue Gelegenheiten erschließen lässt.

Generationen kommen und gehen: Aber Sie können sich darauf verlassen, dass Wiley Sie als beständiger und zuverlässiger Partner mit dem notwendigen Wissen versorgt.

William J. Pesce
President and Chief Executive Officer

Peter Booth Wiley
Chairman of the Board

Adrian Gostick und Chester Elton

Der unsichtbare Mitarbeiter

Verborgene Talente entdecken und heben

Deutsch von Birgit Schöbitz

WILEY-VCH Verlag GmbH & Co. KGaA

1. Auflage 2007

Alle Bücher von Wiley-VCH werden sorgfältig erarbeitet. Dennoch übernehmen Autoren, Herausgeber und Verlag in keinem Fall, einschließlich des vorliegenden Werkes, für die Richtigkeit von Angaben, Hinweisen und Ratschlägen sowie für eventuelle Druckfehler irgendeine Haftung.

Bibliografische Information
Der Deutschen Nationalbibliothek
Die Deutsche Nationalbibliothek verzeichnet diese Publikation in der Deutschen Nationalbiografie: detaillierte biografische Daten sind im Internet über http://dnb.d-nb.de abrufbar.

©2007 WILEY-VCH Verlag GmbH & Co. KGaA, Weinheim

Alle Rechte, insbesondere die der Übersetzung in andere Sprachen, vorbehalten. Kein Teil dieses Buches darf ohne schriftliche Genehmigung des Verlages in irgendeiner Form – durch Fotokopie, Mikroverfilmung oder irgendein anderes Verfahren – reproduziert oder in eine von Maschinen, insbesondere von Datenverarbeitungsmaschinen, verwendbare Sprache übertragen oder übersetzt werden. Die Wiedergabe von Warenbezeichnungen, Handelsnamen oder sonstigen Kennzeichen in diesem Buch berechtigt nicht zu der Annahme, dass diese von jedermann frei benutzt werden dürfen. Vielmehr kann es sich auch dann um eingetragene Warenzeichen oder sonstige gesetzlich geschützte Kennzeichen handeln, wenn sie nicht eigens als solche markiert sind.
Printed in the Federal Republic of Germany
Gedruckt auf säurefreiem Papier.

Satz DTP-Studio Michael Bechtold, Mörlenbach
Druck und Bindung Ebner & Spiegel GmbH, Ulm
Umschlaggestaltung init GmbH, Bielefeld

ISBN: 978-3-527-50284-4

Für Kent, der uns im beruflichen
und familiären Leben so viele Wege geebnet hat

Inhalt

Danksagung 9

Einleitung 11

1 Die Unsichtbaren 21

2 Vaporisationen 35

3 Der Seher 51

4 Anerkennung 77

5 Sichtbare Ergebnisse 113

6 Materialisationen 119

Zusammenfassung Viel Erfolg! 131

Quellenangaben 135

Über die Autoren 139

Der unsichtbare Mitarbeiter. Adrian Gostick und Chester Elton
Copyright © 2007 WILEY-VCH Verlag GmbH & Co. KGaA, Weinheim
ISBN: 978-3-527-50284-4

Danksagung

Der unsichtbare Mitarbeiter ist aus den Beiträgen vieler verschiedener Menschen entstanden, denen an dieser Stelle Dank gebührt.

An erster Stelle danken wir Larry Alexander und Laurie Harting von John Wiley & Sons, die den visionären Wert unserer Idee so schnell erkannten und sich die Rechte an diesem Buch innerhalb einer Woche nach Erhalt eines ersten Entwurfs sicherten.

Wir danken unseren Ansprechpartnern in den Unternehmen, die wir in diesem Buch aufführen: Bill Newby bei Xcel Energy, Ray Mageau bei EPCOR, Cheryl Hutchinson bei Friendly's, Rich Siegenthaler, Debbie Vorndran und Bob Joyce bei der Westfield Group, Tony Treglia, Joan Kelly, Rosemary Magrone und Scott Northcutt bei DHL und Eric Lange bei VNU Media Measurement.

Wir danken auch unseren vielen Klienten, von denen wir so viel lernen konnten. Von den vielen Erfahrungen und Beispielen, an denen sie uns freundlicherweise teilhaben ließen, konnten wir leider nur einen Bruchteil in diesem Buch unterbringen.

Wir bedanken uns bei David Jackson und Alan Acton von The Jackson Organization für die Unterstützung bei der Recherche zu diesem Buch und allen, die noch folgen werden, und bei unserer Lektorin Christie Giles, die uns ebenfalls bei der Recherche half.

Ein herzliches Dankeschön für die richtungsweisenden Visionen von Joyce Anderson, Kaye Jorgensen, John McVeigh, Kent Murdock, David Petersen, Kevin Salmon, David Sturt und Tim Treu mitsamt ihren großartigen Teams, die unsere »Familie« bei O.C. Tanner darstellen. Wir bedanken uns bei allen Mitarbeitern im Marketing und Vertrieb (einschließlich der »Beasts of the East« – Ihr wisst, wer gemeint ist, nicht wahr?), und bei allen, die wir möglicherweise vergessen haben, für ihre Pionierarbeit in der Mitarbeiteranerkennung und -belohnung.

Der unsichtbare Mitarbeiter. Adrian Gostick und Chester Elton
Copyright © 2007 WILEY-VCH Verlag GmbH & Co. KGaA, Weinheim
ISBN: 978-3-527-50284-4

Danke auch an B. J. Beckman, Max Brown, Scott Christopher, Cordell Clinger, Mindi Cox, Bob Ann Hall, Angie Haugen, Chad Johnson, Ann Norman, Shauna Raso, Richard Sheinaus, Amy Skylling und Wylie Thomas – unserem wunderbaren »Möhrenteam«.

Unser besonderer Dank gebührt wie immer unseren Familien: Jennifer und Tony, Heidi, Cassi, Carter, Brinden und Garret. Wir waren unzählige Tage unterwegs, um unsere Ideen auszuarbeiten, und wir danken euch für eure Geduld, Liebe und Unterstützung ... und euren Humor.

Es ist unmöglich, in einer Danksagung an jeden zu denken. Alle, die sich hier vergessen fühlen – unsichtbar, sozusagen –, können uns gerne schreiben und uns darauf hinweisen, damit wir uns dafür entschuldigen können.

Zum Schluss möchten wir noch allen guten Chefs »da draußen« danken. Tausend Dank dafür, dass Sie Ihre Mitarbeiter sichtbar machen. Wir danken allen guten Chefs, die wir jemals hatten, dafür, dass sie mit gutem Beispiel vorangehen. Und all den miserablen Chefs können wir zumindest dafür danken, dass wir unser Buch mit genügend witzigen Geschichten spicken konnten.

Einleitung

Eines meiner (Adrians) Lieblingsfotos von meinen Eltern stammt aus den 1950er Jahren. Es zeigt meinen Vater auf seiner klapprigen 500er Norton, meine Mutter sitzt strahlend im Beiwagen und hat Puccini auf dem Schoß, den Collie meiner Eltern. Hinter meinem Vater sind ein sperriges Zelt und ein Koffer auf dem Gepäckträger festgezurrt. Sie fahren – noch kinderlos – mit ihrem ersten, relativ bescheidenen fahrbaren Untersatz zum Zelten an die englische Küste: ein kurzer Erholungsurlaub, den sich mein Vater von seiner Arbeit bei Rolls-Royce gönnte.

Als ich das Foto vor einigen Jahren zum ersten Mal sah, fragte ich meinen Vater augenzwinkernd, ob er bei Rolls denn so schlecht verdient hätte. Er lachte und erzählte mir, wie er damals im englischen Derby bei Rolls-Royce als Konstruktionszeichner von Düsenflugzeugbauteilen angefangen hatte. Die Firma hätte tatsächlich nie besonders hohe Löhne gezahlt, meinte er. Immerhin hätte er 25 Jahre später in seiner Wahlheimat Kanada das Dreifache verdient. Und obwohl er bei Rolls-Royce mehrmals befördert wurde, ermöglichte das Unternehmen Gordon Gostick nie den Aufstieg ins höhere Management, da es immer andere Kandidaten vor ihm gab, die aufgrund ihrer längeren Betriebszugehörigkeit zuerst berücksichtigt werden mussten. Dennoch blieb er der Firma über zwei Jahrzehnte lang treu. Ich wollte wissen, warum.

»Ich habe jeden Tag genossen«, erklärte mein Vater. »Wer bei Royce arbeitete, war nicht nur eine Nummer. Die Manager unterhielten sich mit uns und hörten zu, was wir zu sagen hatten. Wenn wir der Meinung waren, es könnte bei der Herstellung eines neu konzipierten Motors Probleme geben, waren unsere direkten Vorgesetzten – und auch die der anderen Abteilungen – immer dankbar für unsere Hinweise. Sie akzeptierten, dass wir in mancherlei Hinsicht über

mehr Fachwissen verfügten und modifizierten das Design, um den Motor zu optimieren. Jeder konnte einen wichtigen Beitrag leisten.«
Als ich ihn fragte, wie seine eigenen Verbesserungsvorschläge gewürdigt worden seien, sagte er schlicht: »Auf der Konstruktionszeichnung stand mein Name.«
Es ist so einfach: Wenn er etwas sagte, hörte ihm jemand zu. Wenn er etwas Besonderes für das Unternehmen leistete, stand sein Name auf der Zeichnung, die dem Management vorgelegt wurde. Und deshalb ging er tatsächlich jeden Tag gerne zur Arbeit – und das ist beileibe keine Selbstverständlichkeit!

Wäre es nicht fantastisch, wenn es in Ihrem Unternehmen nur Mitarbeiter wie Gordon Gostick gäbe? Mitarbeiter, die sich wirklich darauf freuen, zur Arbeit zu gehen, anstatt jeden Morgen frustriert darauf zu hoffen, dass sie vom Blitz getroffen werden, bevor sie ihren Arbeitsplatz erreichen oder – noch schlimmer – ihr Chef möge am Wochenende einem tragischen Unfall zum Opfer gefallen sein?

Wayne H. Brunetti schreibt in seinem Buch *Achieving Total Quality*, dass es für Mitarbeiter das Größte ist, wenn sich Vorgesetzte ihre Vorschläge anhören und ihre Beiträge würdigen. »Für Mitarbeiter ist es am wichtigsten, dass das Management die vom Team erarbeiteten Lösungen umsetzt, wenn diese Lösungen die Probleme tatsächlich beheben. Dies ist die höchste Form der Anerkennung. Wem Lob gebührt, der muss auch gelobt werden.«

Nicht jeder tut sich schwer mit Lob und Anerkennung. Es gibt einige Unternehmen, die großartige Arbeitgeber sind. Nicht umsonst warten manche Leute monatelang geduldig auf einen Vorstellungstermin bei Southwest Airlines. Tatsächlich ist es schwieriger, bei Southwest Airlines einen mit zehn Dollar pro Stunde bezahlten Job als Gepäckverlader zu bekommen als in der Harvard School of Business angenommen zu werden. Von den jährlich 90000 Bewerbern bei Southwest Airlines werden lediglich vier Prozent eingestellt. Ist das nicht unglaublich? Stellen Sie sich nur einmal vor, dass Ihnen Ihr Sohn oder Ihre Tochter mit einem guten Schulabschluss in der Tasche eröffnet, »Mama, Papa, ich weiß jetzt, was ich will: bei Southwest Airlines arbeiten!« Dann müssen Sie Ihrem Sprössling schonend beibringen, dass er oder sie sich keine allzu große Hoffnungen zu machen braucht und sich vielleicht doch lieber für ein Harvard-Studium bewerben sollte.

Eine großartige Unternehmenskultur übt nun einmal eine starke Anziehungskraft aus. Sie ist selten, und die Bewerber stehen Schlange, um ein Teil davon zu werden. Doch bis es soweit ist, müssen sich die meisten mit Arbeitsplätzen abfinden, die in einer in der New York Times zitierten Studie wie folgt beschrieben wurden:

- 25 Prozent der befragten Mitarbeiter gaben an, ihr Arbeitsplatz sei im wahrsten Sinn des Wortes zum Heulen.
- 50 Prozent beschreiben ihren Arbeitplatz als einen Ort, an dem »Beleidigungen« und »lautstarkes Anbrüllen« an der Tagesordnung sind.
- 30 Prozent werden regelmäßig mit völlig unrealistischen Terminvorgaben konfrontiert.
- 52 Prozent müssen täglich zwölf Stunden arbeiten, um ihr Arbeitspensum zu bewältigen.
- Einer von zwölf Befragten beschwerte sich darüber, dass der Bürostuhl ihm Rückenschmerzen bereitete.

Das Traurige dabei ist, dass den wenigsten Führungskräften bewusst ist, in welchem kläglichen Zustand sich ihre Mitarbeiter befinden. Sie haben eine ziemlich genaue Vorstellung darüber, welche Erwartungen das Topmanagement hegt, sie kennen ihre Kunden und deren Bedürfnisse, und ihre Produktlisten können sie meist auswendig herunterbeten. Doch was wissen sie eigentlich über die Bedürfnisse der Mitarbeiter, die für sie die eigentliche Arbeit erledigen? Tja, offensichtlich nicht viel.

Warum sollte das eine Rolle spielen? Nun, ganz einfach darum, weil Mitarbeiter sich viel mehr für Vorgesetzte ins Zeug legen, die an ihnen als Individuen interessiert sind. Oder etwa nicht? Denken Sie kurz darüber nach, für wen *Sie* sich mehr anstrengen würden: für einen unnahbaren und unaufmerksamen Chef, für den nur der eigene berufliche Erfolg zählt? Oder für einen Chef, der sich ehrlich für Ihre Arbeit interessiert, der auch einmal nachfragt, wie es Ihren Kindern geht und ob Sie am Wochenende Zeit hatten, Ihrer Angelleidenschaft zu frönen? Das alte Managementcredo »Ich will nicht gemocht, sondern respektiert werden« ist nicht nur falsch, sondern heutzutage auch höchst riskant.

Es ist die Einstellung von Führungskräften, die die Arbeitsmoral von Mitarbeitern beeinträchtigt und zu gravierenden Problemen führt. Eines dieser Probleme ist der so genannte »Präsentismus«. Während die Abwesenheit von Mitarbeitern – der Absentismus – ein ganz offensichtliches Mitarbeiterverhalten bezeichnet, beschreibt Präsentismus das Phänomen, dass Mitarbeiter zwar täglich am Arbeitsplatz erscheinen, sich aber körperlich und geistig nicht voll einbringen, da sie von privaten Problemen abgelenkt werden oder, was häufiger der Fall ist, sich übermäßige Sorgen über arbeitsplatzbezogene Schwierigkeiten machen. Viel zu viele dieser Mitarbeiter fühlen sich ausgebrannt, gestresst, unterfordert oder von ihren Vorgesetzten schlicht und einfach ignoriert. Einer Schätzung der *Harvard Business Review* zufolge erleidet die US-amerikanische Wirtschaft durch die direkten und indirekten Kosten des Präsentismus jährlich Verluste in Höhe von 150 Milliarden US-Dollar.

Doch es gibt noch weitere ernüchternde Fakten über die mangelhaften Führungsqualitäten unserer Manager. Laut jüngsten Studien sind 30 Prozent einer durchschnittlichen Belegschaft »aktiv unmotiviert«. Das heißt, drei von zehn Mitarbeitern sind ihr Job und die Qualität ihrer Arbeit völlig egal. Sie bringen keine Ideen ein, verschwenden keinerlei Energie auf ihre Arbeit und machen unter ihren Arbeitskollegen aktiv Stimmung, sich ihrer unproduktiven und desinteressierten Einstellung anzuschließen.

Baldige Besserung ist nicht in Sicht. In einer 2003 durchgeführten Umfrage gaben 90 Prozent der Arbeitskräfte an, dass sie von ihren Vorgesetzten erwarten, ihre Anstrengungen zur Kenntnis zu nehmen und die moralischen und finanziellen Anerkennungen zu verbessern, bevor sie sich ihren Arbeitgebern verbunden fühlen können.

Wir könnten über die um sich greifende Epidemie des unsichtbaren Mitarbeiters und das dadurch entstehende Chaos ein ganzes Buch schreiben. Und genau das haben wir ja auch getan.

Wir begannen dieses Buch vor einigen Jahren nach der Veröffentlichung unserer »Möhren«-Buchreihe. Da uns viele, die diese Bücher gelesen haben, als Redner in ihre Unternehmen einluden, begegneten wir Führungskräften und Abteilungsleitern aus den unterschiedlichsten Branchen und Ländern.

Jeder einzelne dieser Manager machte auf den ersten Blick einen tollen Eindruck. Sie alle trugen schicke Anzüge, drückten sich gewählt aus, traten tadellos auf und verfügten über umfangreiches Fachwissen und Fachvokabular in ihrem jeweiligen Bereich. Wie kompetent sie aber wirklich waren, stellte sich heraus, wenn wir uns mit ihren Mitarbeitern unterhielten. Im Allgemeinen waren die Mitarbeiter, die für großartige Vorgesetzte arbeiteten, selbstbewusst und offen, schienen alles bewältigen zu können und hatten keine Angst vor Veränderungen und Konkurrenten. Diese Menschen schienen Freude daran zu haben, ihre Unternehmen mit fantastischen Leistungen und guten Ideen voranzutreiben.

Doch wir sind auch einer ganz anderen Sorte von Mitarbeitern begegnet. Einige waren ganz still und in sich gekehrt, andere zerbrachen sich den Kopf über erschreckende Marktsituationen, die ihre Existenz bedrohten, und die schlimmsten Fälle waren diejenigen, die ihrer Verachtung ganz offen Ausdruck verliehen. Sie beschwerten sich über die ach so armen Kunden, ihre Kollegen und ganz besonders über ihre Vorgesetzten.

Diese Mitarbeiter arbeiteten für miserable Chefs – und verbrachten ihre Arbeitszeit leise, still und heimlich damit, alle Anstrengungen der Teams, Manager und Unternehmen zunichte zu machen. Manche versuchten noch nicht einmal, ihren Zynismus zu verbergen. Wie kann das sein? Weil sie im Schatten existieren und kaum jemand Notiz von ihnen nimmt.

Sie waren ... unsichtbar.

Leider können wir diese Mitarbeiter sogar verstehen. Wir selbst haben auch schon für gute und für schlechte Manager gearbeitet, und der Unterschied ist enorm. Als wir an all diese Menschen dachten, die weltweit unter erbärmlichen Vorgesetzten leiden, und an all die Manager, die gute Vorgesetzte sein möchten, aber entweder nicht wissen, wie sie sich ändern können oder nicht die Zeit und Mittel dazu haben, war uns klar, dass wir dieses Buch schreiben müssen.

Hier ist es also. Auf den folgenden Seiten werden Sie Geschichten über Führungskräfte lesen, die gelernt haben, ihre Mitarbeiter so zu führen, dass sie sich geschätzt und anerkannt fühlen. Wir betonen »gelernt haben«, denn die meisten Führungskräfte müssen daran arbeiten, ihre Mitarbeiter zu loben und anzuerkennen. Instinktiv widmen sie ihre Aufmerksamkeit meist nur der Nummer Eins und kümmern sich kaum um den weniger herausragenden Rest. Die besten Manager jedoch *erlernen* die Kunst der Anerkennung und Wertschätzung. Und die Mühe lohnt sich. Mitarbeiter wahrzunehmen und für ihre Leistungen zu belohnen, zahlt sich auf einzigartige Weise aus:

- durch strategische Vorteile (Verhaltensweisen, die wiederholt an den Tag gelegt werden sollen, werden belohnt);
- durch eine erstklassige Kommunikationsmethode (niemand schaltet ab, wenn ein Kollege besonders gelobt wird);
- durch das Knüpfen eines emotionalen Bands zwischen Mitarbeitern und Managern (wann hatte ein Firmen-Newsletter schon einmal diese Wirkung?);
- durch bessere Manager und Mitarbeiter (wer belohnt wird, fühlt sich automatisch motivierter und hat ein klares Ziel vor Augen);
- durch höhere Gewinne (wer sich geschätzt fühlt, leistet bessere Arbeit).

In unserer wettbewerbsorientierten Welt hält jeder Ausschau nach dem nächsten fantastischen Produkt, der nächsten revolutionären Entwicklung oder Lösung. Die einzige Möglichkeit, diese Wettbewerbsvorteile zu sichern, ist eine Belegschaft aus sichtbaren, motivierten und engagierten Mitarbeitern (wenn man sie denn hat). Wer in Tabellenkalkulationen, Strategiepapieren oder beliebigen anderen Dokumenten nach Inspiration sucht, wird höchstwahrscheinlich lange suchen können. Doch wenn Sie Ihre Zeit der Wahrnehmung und Anerkennung Ihrer Mitarbeiter widmen, investieren Sie damit in den nachhaltigen Erfolg Ihres Unternehmens. Dies ist eine Investition, die tatsächlich an Wert gewinnt.

Darauf können Sie sich verlassen.

Wir hoffen, dass Ihnen *Der unsichtbare Mitarbeiter* den Weg zu verborgenen Schätzen und Talenten in Ihrem Unternehmen weisen wird, indem er Sie in die Geheimnisse der Mitarbeitermotivation einführt, und Sie zusammen mit den Menschen, die Ihnen bereits zur Seite stehen, Ihr Unternehmen weiter stärken können. Sie werden feststellen, dass die Anerkennung und die Motivation von Mitarbeitern keine unwichtige Nebensache, sondern die Grundlage für den geschäftlichen Erfolg darstellt ... und wenn man darüber nachdenkt, eigentlich für Erfolg im Leben ganz allgemein. Jeder Mensch – ob Chef eines internationalen Konzerns oder Kleinkind – will anerkannt und geschätzt werden.

Ich (Chester) werde nie den unglücklichen Jungen vergessen, der mir auffiel, als ich in der Grundschule auf meinen Sohn wartete. Die Lehrerin erzählte seiner nur halbherzig zuhörenden Begleiterin (vielleicht seine Mutter), wie gut sich der offensichtlich etwas schwierige Junge an diesem Tag in der Schule gemacht hatte, und wollte auf einige besonders positive Dinge näher eingehen, als ihr die Frau ins Wort fiel und sie mit der oberflächlichen Bemerkung abwimmelte: »Das ist ja wirklich ganz toll, bis morgen dann.«

Die Enttäuschung war dem Jungen deutlich ins Gesicht geschrieben, und während ihn die Frau mit sich fortzog, schüttelte er verzweifelt den Kopf.

Unsere Unterhaltung mit Sandy Simon, Teamleiterin bei Xcel Energy in Denver, die wir vor einigen Monaten trafen, steht dazu im krassen Kontrast. Zusammen mit einigen anderen Kollegen bei Xcel war sie gerade mit dem begehrten Pinnacle Award ausgezeichnet worden.

»Als ich von der Bühne hinunterging, konnte ich nur an eins denken: Wie schaffe ich es, nächstes Jahr wieder hier oben zu stehen?«, erzählte sie uns.

Eine solche Mitarbeiterin ist Gold wert. Eine solche Mitarbeiterin wird sich dieses und nächstes Jahr für ihr Unternehmen ins Zeug legen, weil ihre Leistungen als wertvolle Beiträge gesehen und anerkannt wurden.

Unsere nicht allzu hoch gesteckte Hoffung ist, dass Sie in Ihrem Unternehmen oder Ihrem Team die unsichtbaren Mitarbeiter finden und aus ihrem Schattendasein erlösen, um ihr volles Potenzial freizusetzen. Für uns ist dieses Buch ein Manifest für alle, die nicht gesehen und nicht geschätzt werden. Wir widmen es den vielen hart arbeitenden Menschen, die Tag für Tag Großartiges leisten. Sie können Ihre Teams und Unternehmen stärken, wenn Sie die Leistungen dieser Menschen wahrnehmen und anerkennen.

Sie werden feststellen, dass das *Sehen* an sich schon Erfolge nach sich zieht. Jedes Mal, überall und bei jedem Mitarbeiter.

Der unsichtbare Mitarbeiter

Kapitel 1
Die Unsichtbaren

Die Unsichtbaren. So jedenfalls nannten die Hochländer der kleinen Insel diese rätselhaften Geschöpfe, die ihre Schatzkammern füllten – und die dennoch kaum jemand zu Gesicht bekam.

Bei festlichen Anlässen in der großen Halle versammelten die Ältesten manchmal die Hochländer um sich. Im flackernden Kerzenschein erzählten sie mit verhaltener Stimme, dass die Frauen und Männer des unsichtbaren Volks in früheren Zeiten mitten unter ihnen geweilt hatten, doch im Laufe der Zeit waren sie mehr und mehr zu Schatten ihres einstigen Selbst verblasst.

»Und doch leben sie noch immer unter uns ...«, pflegte der Erzähler mit einem Blick in das Dunkel jenseits des Kerzenscheins zu sagen. »Sie sind ein wichtiger Teil von uns. Sie sind es, die unsere Berge auf der Suche nach wertvollen Edelsteinen erklimmen. Sie sind es, für die wir als Dankesgabe Früchte darbringen.«

Die Hochländer erschauderten. Viele warfen nervöse Blicke auf die flackernden Schatten, die Kinder, Stühle oder auch Wasserkrüge in den hinteren Ecken der Halle warfen. Doch ihre Augen hatten über die Jahrzehnte der Untätigkeit an Sehkraft verloren, und sie konnten nichts weiter erkennen.

Jedes Mal an dieser Stelle der Geschichte fragte ein Kind mit hoher Stimme unschuldig: »Hat sie irgendjemand in letzter Zeit mal gesehen?«

»Nein, niemand«, lautete die Antwort eines Alten. »So ist das nun mal, und so wird es immer bleiben.«

Ein kollektives Aufatmen erfüllte die Halle. Es war beruhigend zu wissen, dass auch morgen alles so sein würde, wie es auf ihrer Insel im Mediokren Meer schon immer gewesen ist. Unsichtbare Hände würden die Arbeit verrichten. Die Hochländer würden auch morgen nur das sehen, was sie schon immer gesehen haben und übersehen, was sie schon immer übersehen haben. Es wäre alles in Ordnung. Und mehr wollten sie auch gar nicht ...

Der unsichtbare Mitarbeiter. Adrian Gostick und Chester Elton
Copyright © 2007 WILEY-VCH Verlag GmbH & Co. KGaA, Weinheim
ISBN: 978-3-527-50284-4

Doch was war mit dem unsichtbaren Volk? Auch die Unsichtbaren, die sich Wurc-Urs nannten, hatten sich tief in den Ausläufern der Berge versammelt und drängten sich um das knisternde Lagerfeuer.

»Ihr wollt doch Sicherheit«, sagte eine der älteren Stammesangehörigen zu den Jüngeren. »Ihr wollt Bequemlichkeit. Wenn ihr keine Fehlschläge erleiden wollt, niemals Kritik und Erschöpfung erleben möchtet, müsst ihr die Kunst der Lautlosigkeit, die Kunst der Unsichtbarkeit perfektionieren.«

Eine ältere Frau nickte und pflichtete ihr bei: »Das ist die einzige Möglichkeit, uns zu schützen.«

Young Star, eine hochgewachsene, graziöse Wurc-Ur, wusste schon, wie die Geschichte nun weitergehen würde. Unhörbar für die anderen sprach sie im Geiste die altbekannten Worte der Geschichte mit, die von den alten Zeiten berichtete, als die Hochländer ihrem Namen noch alle Ehre machten und selbst die Berge erklommen.

Damals gab es so viele Edelsteine, dass die Hochländer Tausende von Wurc-Urs auf die Insel brachten, damit diese ihnen bei der Suche nach den Schätzen zur Hand gingen. Im Laufe der Zeit entwickelten die Wurc-Urs ein solches Geschick, dass die Hochländer sich immer seltener selbst in die Berge begaben und sich stattdessen lieber am Fuß der Berge aufhielten, wo es Bäche mit klarem Wasser gab und hohe Bäume wuchsen.

Sie nannten sich jedoch weiterhin Hochländer, um ihrer hohen Stellung Ausdruck zu verleihen. Sie waren nicht nur die Herren über die Berge mitsamt den in ihnen verborgenen Schätzen, sondern auch die Herren der Obstgärten, an deren Bäume Früchte wie Juwelen in der Sonne glänzten.

»Wir haben damals viele Rubine und sogar Diamanten gefunden«, erinnerten sich die älteren Wurc-Urs. »Bevor diese ... diese schreckliche Zeit anbrach.«

Genau. Diese schreckliche Zeit, dachte Star, in der die Hochländer Hunderte von Wurc-Urs auf Nimmerwiedersehen verschwinden ließen. Die Übriggebliebenen arbeiteten daraufhin immer härter, und doch blieb ihnen die Anerkennung für ihre Mühen in den meisten Fällen versagt. Schließlich zogen sie sich immer tiefer in die Berge zurück – an Geist und Seele zerbrochen. Star war damals noch ein Baby, aber ihr Vater hatte alles miterlebt. Er wusste Bescheid.

Sie schwor sich, mit aller Macht zu verhindern, dass so etwas noch einmal passierte.

Und so lernte Star, nicht aufzufallen, ihre Stärken zu verbergen und nicht mehr zu tun, als unbedingt nötig war. Wie alle anderen auch, lernte sie von klein auf die Kunst, sich ihrer Umgebung anzupassen, die alle meisterhaft beherrschten.

Zumindest fast alle. Vor gar nicht allzu langer Zeit war ein pflichtbewusster und aufgeschlossener Wurc-Ur auf den Gipfel eines Berges geklettert, dessen Gletscherspalten von glitzernden Diamanten übersät waren. Nur wenige Wurc-Urs hatten es jemals so weit hinauf geschafft. Der Weg war beschwerlich, anstrengend ... und einsam. Doch er hatte es geschafft und kehrte mit einem ganzen Sack voller funkelnder Edelsteine zurück. Die Hochländer nahmen den Schatz begierig in Empfang, für eine kurze Zeit war der Ehrgeiz der Wurc-Urs, den Gipfel zu erklimmen, aufs Neue entfacht worden. Die Hochländer hingegen nahmen die besonderen Anstrengungen der Wurc-Urs nicht weiter zur Kenntnis – als ob Diamanten dieser Qualität völlig selbstverständlich seien. Es dauerte daher nicht lange, bis die Wurc-Urs jegliche Pläne, die Gipfel zu besteigen, wieder verwarfen. Weshalb sollten sie ein solches Risiko eingehen, wenn es ihnen noch nicht einmal gedankt wurde?

Ich werde niemals in meinem Leben einen Diamanten finden. Nicht einmal einen Smaragd, dachte Star. Es war eine sachliche Feststellung, vielleicht sogar ein Schwur, in dem nicht der leiseste Hauch des Bedauerns mitschwang. Schließlich wollte sie nie an die Spitze. Keiner der Wurc-Urs wollte das.

Und so lebten die kurzsichtigen Hochländer und die unauffälligen Wurc-Urs auf der bergigen Insel Kopani über Generationen Seite an Seite. In sicheren Verhältnissen zwar, doch auch für immer und ewig festgefahren. Es gab keine Helden und keine Bösewichte. Und alle waren sie so zufrieden.

Zumindest glaubten sie das.

Unsichtbare Mitarbeiter

Warum sich Mitarbeiter unsichtbar fühlen

Es kann jedem passieren, jederzeit und überall. Mitten in einer Telefonkonferenz beugen Sie sich zum Lautsprecher hinunter, weil Sie kaum etwas verstehen, oder Sie gehen nur kurz ein ankommendes Fax holen, und schon ist es passiert: Plötzlich sind Sie unsichtbar geworden.

Wie es meistens der Fall ist, wurde auch Allison kalt davon erwischt. Als PR-Mitarbeiterin einer landesweit vertretenen Bank bestand eine ihrer Aufgaben darin, für den Betriebswirt der Bank den Bericht über die Lebenshaltungskosten zu verfassen, was einen beträchtlichen Teil ihrer Arbeitszeit in Anspruch nahm. Jeden Monat traf sie sich mehrmals mit dem Betriebswirt, um die Pressekonferenz vorzubereiten und den Bericht zu überprüfen. Alles lief prima, bis zu jenem Tag ...

»Ich ging den Flur entlang und schnappte zufällig eine Unterhaltung zwischen ihm [dem Betriebswirt] und meinem Chef auf. Ich hörte ihn sagen, ›Könnten Sie das dem *Mädchen* geben, das sich um den Lebenshaltungskostenbericht kümmert?‹ Dem *Mädchen*? Das war wie ein Schlag in die Magengrube. Wir arbeiteten seit über einem Jahr zusammen. Dank meiner Arbeit haben sich der Bericht und die Medienberichterstattung deutlich verbessert. Ich habe Hunderte von Stunden in dieses Projekt gesteckt und mich mindestens zwei Mal pro Monat mit ihm getroffen. Und er? Er konnte sich noch *nicht einmal an meinen Namen erinnern*!«

Plopp! Unerklärlich, unglaublich, aber wahr: Allison war plötzlich *unsichtbar* geworden.

»Für ihn war ich kein menschliches Wesen, sondern nur ein Rädchen im Getriebe. Das war ein echtes Aha-Erlebnis für mich.«

Allison ist leider nicht die Einzige, die sich unsichtbar fühlt. In einer Umfrage gaben rund 88 Prozent der Arbeitnehmer an, sich am meisten darüber zu ärgern, dass sie von ihrem Arbeitgeber »zu wenig Anerkennung für ihre Arbeit« erhalten, erklärt Adele B. Lynn von Lynn Learning Labs. Das sind immerhin knapp neun von zehn Mitarbeitern, die sich missachtet fühlen, und nicht nur eine Hand voll Querulanten.

Wir haben noch eine weitere beunruhigende Statistik anzubieten: Im Februar 2005 berichtete das Magazin *Time*, dass sich 80 Prozent der Mitarbeiter am Arbeitsplatz nicht respektiert fühlen. Eine derartige Missachtung kann einem im wahrsten Sinn des Wortes das Herz brechen. So ergab eine Studie des Gesundheitswesens, dass Mitarbeiter, die ihren Vorgesetzten nicht leiden können, im Vergleich zu ihren zufriedeneren Kollegen unter einem deutlich höheren Blutdruck leiden. Dies wiederum erhöht das Risiko eines Herzinfarktes um ein Sechstel und das Risiko eines Schlaganfalls um ein Drittel, meint der britische Wissenschaftler George Fieldman.

Der meist nicht ernst gemeinte Spruch, »Mein Chef bringt mich noch um«, ist daher nicht wirklich aus der Luft gegriffen.

Unsichtbare Mitarbeiter erbringen alles andere als beachtliche Leistungen

Aus der Sicht ihrer Mitarbeiter liegt alle Befehls- und Entscheidungsgewalt in den Händen der Manager und höher gestellten Führungskräfte. Das Management entscheidet über ihr Kommen und Gehen, die Art der Arbeit, die Höhe des Gehalts, die Zusatzleistungen der Krankenkasse, Zeitpunkt und Länge des Urlaubs und über Lob und Tadel. Und falls es dem Unternehmen ganz besonders gut geht, bekommt das Management auch noch den Löwenanteil der Leistungszuschläge.

Übersehene, ignorierte und missachtete unsichtbare Mitarbeiter rächen sich auf die einzige ihnen mögliche Art – sie führen ein Schattendasein, rühren keinen Finger mehr als unbedingt notwendig, beschweren sich über dieses und jenes und stecken neue Mitarbeiter mit ihrer Frustration an.

Warum sollte man sich auch Mühe geben, wenn ausgezeichnete Arbeit doch sowieso von niemandem bemerkt wird? Warum sollte man sich besonders anstrengen, wenn man der nächsten Entlassungswelle zum Opfer fallen könnte?

Für David Sirota, Mitautor von *The Enthusiastic Employee*, ist dies nichts Neues: »In ungefähr 16 Prozent der von uns besuchten Unternehmen ist die Belegschaft ihrem Arbeitgeber gegenüber feindlich eingestellt. Das Hauptproblem ist jedoch nicht diese Feindseligkeit, sondern die Gleichgültigkeit, die sich bei den Leuten einstellt. Sie ist ein schleichendes Gift.«

Die von der Managementberatung Hewitt Associates durchgeführte Global Employee Commitment-Studie beziffert das Problem: Die Belegschaft von Unternehmen im unteren Leistungsbereich besteht zu 54 Prozent aus Mitarbeitern, die ihr eigenes Wohl oder ihre Karrierepläne vor das Wohl des Unternehmens stellen. Untermauert wird dies von einer The Conference Board-Umfrage in 5 000 Haushalten, die ergab, dass zwei von drei Arbeitnehmern keinerlei Interesse daran haben, sich für die Unternehmensziele ihres Arbeitgebers einzusetzen.

In anderen Worten, die Arbeit ist ein undankbarer Job, und Mitarbeiter fühlen sich nicht dazu berufen, ihn zu erledigen – zumindest nicht besonders gut.

Eine motivierende Lösung

Doch nicht überall liegen die Dinge im Argen. Manche Führungskräfte begeistern ihre Mitarbeiter für ein gemeinsames Ziel und spornen sie zu Höchstleistungen an. Doch wie gelingt ihnen das?

Nicht mit Prämien und Gehaltserhöhungen, obwohl diese Möglichkeit vielen zuerst in den Sinn kommt – eine Finanzspritze, um Mitarbeiter zum Bleiben zu bewegen oder ihnen eine Freude zu bereiten. Doch selbst mit dem dicksten Scheck lässt sich keine langfristige Loyalität erkaufen, auch wenn er zumindest dafür sorgt, dass die Mitarbeiter am Arbeitsplatz erscheinen.

Auch Marcus Buckingham und Curt Coffman schreiben in ihrem Buch *Erfolgreiche Führung gegen alle Regeln*, dass man mit Gehältern, die 20 Prozent unter dem Branchendurchschnitt liegen, wahrscheinlich Schwierigkeiten hat, gute Mitarbeiter zu finden, dass aber auch die Anpassung an den Branchendurchschnitt, so sinnvoll diese sicherlich ist, noch längst nicht alle Probleme löst. Eine angemessene finanzielle Entlohnung Ihrer Mitarbeiter bringt Sie ins Spiel, heißt aber nicht, dass Sie es auch gewinnen.

Die besten Manager greifen bei außergewöhnlichen Leistungen ihrer Teams und ihres Unternehmens auf ganz einfache Mittel zurück:

- *Festlegen* einer visionären Richtlinie,
- aktives *Sehen* der Mitarbeiterleistungen, die das Unternehmen näher an seine Ziele bringen,
- *Feiern* dieser Leistungen.

Wirklich großartige Führungspersönlichkeiten führen keine Systeme, Prozesse, Technologien, Strategien oder Abteilungen, sondern Menschen, und das aus einem ganz einfachen Grund: Im Notfall lässt sich alles reproduzieren, nur eines nicht – die Mitarbeiter.

Der junge, kräftige Ruben Roman ist Betriebsleiter der Xcel Energy Niederlassung in Comanche im US-Bundesstaat Colorado. Anerkennung ist für ihn keine nebensächliche Angelegenheit, denn die Mitarbeiterinitiative »Xpress Ideas«, die innovative Ideen und Lösungen der Mitarbeiter belohnt, hat dazu geführt, dass das Unternehmen allein im letzten Jahr 15 Millionen US-Dollar einsparen konnte.

So fiel in Romans Betrieb einmal mitten in der Nacht das Luftgebläse an der Kohlebeschickung aus. Der nicht abgesaugte Kohlenstaub stellte eine Gesundheitsfährdung für die Mitarbeiter dar, und da es weder ein Ersatzgebläse noch ein redundantes System gab, schien die Abschaltung der Anlage bis zum Eintreffen des Ersatzgebläses in zwei Tagen die einzige Lösung zu sein.

»Doch wann immer Xcel Energy-Mitarbeiter von einem Problem erfahren, überlegen sie sofort, wie es sich lösen ließe«, freut sich Roman. »Sie schlossen Schläuche an die Druckluftdüsen an, damit wir die Anlage nicht abschalten mussten.«

Nach Romans Schätzung hätte die zweitägige Abschaltung der Anlage zu Verlusten in Höhe von rund einer halben Million US-Dollar geführt, was nur dadurch verhindert werden konnte, dass sich seine Mitarbeiter aktiv und engagiert um eine innovative Lösung bemüht hatten. Und wie hat sich Roman dafür bedankt? Gleich am nächsten Tag überreichte er ihnen als Anerkennung eine Auszeichnung im Wert von mehreren hundert US-Dollar, und die Mitarbeiter waren begeistert, dass ihre Leistung öffentlich anerkannt wurde.

Langfristig gesehen summieren sich Ideen wie diese zu einem beträchtlichen Betrag.

»Anerkennung lässt Ideen nur so sprudeln«, meint Roman. »Ihr Kollege hat plötzlich einen neuen iPod und erzählt Ihnen, er hätte ihn als Anerkennung für seine Leistungen erhalten. Im Nu hat jeder eine

Menge neuer Vorschläge zu Abläufen zu machen, die seit Jahren als gegeben hingenommen werden, weil sie schon immer so durchgeführt wurden. ... Anerkennungsprogramme sind wichtig für Unternehmen, denn ohne sie behalten die Mitarbeiter ihre Ideen lieber für sich.«
Natürlich spielen auch die Strategie, Produkte und Technologien eines Unternehmens eine wichtige Rolle, doch kein Betrieb kann ausschließlich nach einem Kalkulationsplan funktionieren. Erfolgreiche Unternehmen brauchen das *gewisse Extra*, um dauerhaft in Führung zu bleiben. Und dieses gewisse Extra ist die Aufmerksamkeit für die Mitarbeiter, die sich daraufhin wahrgenommen, wertvoll und geschätzt fühlen. Anders gesagt, sie fühlen sich *sichtbar*.

Die aktuelle Studie von Gallup, in der weltweit über vier Millionen Arbeitnehmer befragt werden, liefert deutliche Beweise für die wirtschaftlichen Vorteile von Anerkennung und Lob. In einer Begleitstudie, in der 10 000 Abteilungen aus über 30 Branchen untersucht wurden, fand Gallup heraus, dass regelmäßig gelobte Mitarbeiter

- wesentlich produktiver arbeiten,
- die Motivation ihrer Kollegen erhöhen,
- sich ihrem Arbeitgeber treuer verbunden fühlen,
- die Zufriedenheit und Loyalität der Kunden verbessern,
- sicherheitsbewusster arbeiten und weniger Betriebsunfälle haben.

Nicht schlecht. Und eigentlich auch logisch. Wie könnte auch sonst ein globaler Konzern wie DHL entstehen, der weltweit für seine termingerechten Lieferungen bekannt ist, oder The Men's Wearhouse, in dem tatsächlich jeder so freundlich bedient wird, wie es der bärtige Eigentümer in der Werbung verspricht, oder die Edward Jones Company, die zwei Jahre in Folge den ersten Platz der Fortune 100-Liste der besten Arbeitgeber einnahm?
Die Antwort lautet: Unmöglich, außer mit einer motivierten und engagierten Belegschaft.
Damit Sie Ihre Ziele hinsichtlich Profitabilität, Wachstum, Kundenzufriedenheit oder Innovation erreichen können, brauchen Sie Mitarbeiter, die sich dafür stark machen. Engagierte Mitarbeiter, die hinter dem stehen, was sie tun und sich darauf verlassen können, dass Führungskräfte ihnen zuhören und ihre Leistungen anerkennen.

Voraussetzung dafür ist, dass Führungskräfte in der Lage sind, die drei einfachen Schritte, die wir bereits erwähnt haben, auszuführen:

1. Festsetzen von Kernwerten als Richtlinie für die Teams oder das Unternehmen – Werte, die sich dafür eignen, die Produktivität zu steigern, Gewinne zu maximieren und neue Marktanteile zu erobern.
2. Sehen der Verhaltensweisen, die diesen Kernwerten entsprechen und Wert schaffen.
3. Feiern dieser Verhaltensweisen durch öffentliche Anerkennung – Sie müssen kommunizieren, welche Aktivitäten dem Unternehmen besonders wichtig sind und daher beständig wiederholt werden sollten.

Befolgt eine Führungskraft diese Schritte, ist der Erfolg bereits vorprogrammiert.

Kent Murdock, CEO des Motivationsberatungsunternehmens O. C. Tanner, ging ebenfalls nach diesen drei Schritten vor, als eine schwierige Aufgabe anstand. Bei einer großen Besprechung wurde die unternehmensweite Aufrüstung der PCs beschlossen, und Murdock war klar, dass dieses Vorhaben eine Zerreißprobe für das gesamte Unternehmen darstellte. In seiner Rede bat er daher jeden einzelnen seiner 2000 Mitarbeiter um Unterstützung, und es war eine der bewegendsten und emotionalsten Reden, die wir jemals gehört haben.

»Wie wir unser Unternehmen retten werden? Ich sage Ihnen ganz ehrlich, ich weiß es nicht. Doch der Einfallsreichtum des menschlichen Geistes ist unerschöpflich und kann Wunder vollbringen, und auch wenn es keine Wunder, sondern nur gute Ideen sind, können wir es schaffen. Ich werde alles in meiner Macht Stehende tun, um meinen Beitrag zu leisten. Doch all die jetzt notwendigen Ideen, die Handgriffe und das Miteinander übersteigen meine persönlichen Fähigkeiten. Ich habe nicht für alles eine Lösung parat, doch ich weiß, was eine gute Lösung ist, wenn sie mir zugetragen wird, und ich werde denjenigen, dem sie einfällt, belohnen. Unsere Zukunft hängt von unserer kollektiven Gedankenarbeit ab. Gemeinsam können wir Albert Einstein sein. Gemeinsam sind wir genial. Was glauben Sie? Können wir es schaffen?«

Nach seiner Rede ließ er die Tür zu seinem Büro immer offen, war überall präsent und hörte zu.

Zu Beginn tröpfelten die Ideen nur zögerlich bei ihm ein, doch als er sein Versprechen hielt und gute Ideen vor versammelter Mannschaft feierte, *sprudelten* sie förmlich. Und was kam dabei heraus? In den drei Jahren, die seit dieser Ansprache vergangen sind, schrumpfte die Anzahl der Mitarbeiter zwar aufgrund der Nichtbesetzung offener Stellen, die Verkaufszahlen des seit 75 Jahren bestehenden Unternehmen stiegen jedoch um 20 Prozent – weil er die Leistungen seiner Mitarbeiter wahrnahm und belohnte.

Es ist eine ganz einfache Regel, doch den meisten Managern ist sie nicht geläufig.

In gewisser Hinsicht ist dies sogar verständlich, denn schließlich ist die Denkweise des Managements schon seit vielen Jahren auf falsche Bahnen geraten. Generell herrscht die Ansicht, dass die Verbesserung der Kunden-, Investoren- und Mitarbeiterloyalität drei völlig unterschiedliche Geschäftsziele darstellen, und leider wird daraus der Trugschluss gezogen, dass diese drei Ziele sich gegenseitig ausschließen.

Als sich in den 1990ern und den ersten Jahren des neuen Jahrtausends die kollektive Aufmerksamkeit den Investoren zuwendete, ging dies daher zu Lasten der Mitarbeiter.

Das war eine schreckliche, äußerst schreckliche Zeit.

Heute verkündet fast jeder Topmanager (90 Prozent, laut einer aktuellen Studie), dass seine Mitarbeiter das wertvollste Gut seines Unternehmens darstellen, und ganze 98 Prozent erklären, dass eine gesteigerte Produktivität den Unternehmensgewinn erhöhen würde. Das ist aber auch schon das Ende des Lieds, denn den Worten folgen keine Taten. Fordern Sie eine beliebige Führungskraft auf, die Erfolgsstrategien des Unternehmens ihrer Priorität nach zu ordnen, rangieren alle mitarbeiterrelevanten Strategien, wie Leistungsbeurteilung und Investitionen in die Belegschaft, ganz unten.

Das Ergebnis ist, dass verblüffende 65 Prozent der US-amerikanischen Arbeitnehmer angaben, im vergangenen Jahr keinerlei Anerkennung für gute Arbeit erhalten zu haben. Und die Hälfte der befragten Manager gibt sogar ganz offen zu, gute Leistungen ihrer Mitarbeiter zu ignorieren. Knapp 75 Prozent der Manager halten es auch gar nicht für notwendig, in ihrem Unternehmen einen systematischen Ansatz zum Management der Mitarbeiterleistung einzuführen.

Dementsprechend trübe sind die Aussichten, die die Befragung der Arbeitnehmer ergab: Laut einer 2005 durchgeführten Studie von The Conference Board sind lediglich 14 Prozent mit ihrer Arbeit zufrieden. Dies lässt nicht gerade auf hochgradige Motivation schließen, und um ganz ehrlich zu sein, ist die generelle Mitarbeitermotivation sogar *schlechter als miserabel*. So viel dazu. Wenden wir uns nun den Abhilfemaßnahmen zu.

Umfragen: Aha-Erlebnisse

Stehen Ihnen schon die Haare zu Berge? Das würde uns nicht wundern, denn die genannten Zahlen über die Mitarbeiterzufriedenheit sind wirklich erschreckend. Andererseits mag es in Ihrem Fall ja nicht zutreffen, dass die bereits erwähnten 40 oder 50 Prozent der Mitarbeiter unzufrieden sind. Wir hoffen es für Sie.

Es wäre in jedem Fall ratsam, sich darüber Gewissheit zu verschaffen, und mit einer Mitarbeiterumfrage können Sie ganz genau feststellen, wie es in Ihrem Unternehmen um die Zufriedenheit bestellt ist.

Doch Vorsicht, Umfragen können auch täuschen. Wir besuchten kürzlich einen der weltweit größten Konzerne, in dem gerade eine Umfrage über die Zufriedenheit am Arbeitsplatz durchgeführt worden war. Die Konzernleitung dieses mehrere Milliarden schweren Unternehmens war rundum begeistert, dass sich der Anteil der unzufriedenen Mitarbeiter im einstelligen Prozentbereich bewegte. Doch als wir uns mit den Mitarbeitern unterhielten, stellte sich heraus, dass ihre Vorgesetzten sie ziemlich kreativ auf diese Umfrage vorbereitet hatten. Ein Callcenter-Mitarbeiter im Westen der USA erzählte uns, dass er und seine Kollegen kurz vor dem Beginn der Umfrage eine Gehaltserhöhung von 25 US-Cent pro Stunde erhalten hatten. Welch Zufall! Und ein Mitarbeiter in der Zweigstelle in Kanada berichtete uns, dass sein Zweigstellenleiter die Belegschaft informierte, dass Niederlassungen, die in der Vergangenheit schlechte Ergebnisse über die Mitarbeiterzufriedenheit ergeben hatten, kurzerhand geschlossen worden waren.

Vielleicht waren die Umfrageergebnisse doch ein klein wenig schöngefärbt.

Wenn Sie wirklich wissen möchten, wie viele Ihrer Mitarbeiter unzufrieden und unmotiviert sind, sollten Sie Ihre Umfrage sehr sorgfältig durchführen und, falls möglich, mit einer externen Firma zusammenarbeiten, die Sie beraten kann, ob sich eine persönliche Befragung oder eine anonyme Umfrage anbietet, welche Fragen gestellt werden, welche Rücklaufquote erforderlich ist und so weiter. Es gibt viele gute Firmen, die sich auf diese Studien spezialisiert haben.

Falls Sie eine kleine Firma leiten oder nur wissen möchten, wie es um die Motivation Ihrer Teammitglieder bestellt ist, spricht nichts dagegen, eine Umfrage ohne die Hilfe eines externen Unternehmens durchzuführen. Allerdings kann es sein, dass der Mangel an Anonymität Ihre Mitarbeiter davon abhält, die Fragen auf einem Umfrageformular ehrlich zu beantworten. Eine möglicherweise bessere Vorgehensweise sind persönliche Gespräche unter vier Augen in Ihrem Büro. Sorgen Sie dafür, dass Sie weder durch Telefonanrufe noch durch Besucher gestört werden, und stellen Sie zum Beispiel folgende Fragen, auf die der Mitarbeiter beliebig ausführlich antworten kann:

- Welches sind Ihrer Ansicht nach die wichtigsten Ziele Ihres Teams/des Unternehmens?
- Was motiviert Sie – unabhängig von der Notwendigkeit, Ihren Lebensunterhalt zu bestreiten – dazu, gute Arbeit zu leisten und den Werten Ihres Teams entsprechend zu handeln?
- Behindert Sie etwas dabei, Ihr volles Potenzial auszuschöpfen oder die Ziele Ihres Teams zu erreichen, und wenn ja, was?
- Wie kann ich Sie als ihr Vorgesetzter darin unterstützen, diese Ziele zu erreichen?
- Sind Sie der Ansicht, dass wir die Erfolge des Teams sowie Ihre persönlichen Leistungen in ausreichendem Maß würdigen?

Diese einfachen Fragen, einschließlich weiterer, die Sie selbst formulieren, vermitteln Ihnen ein ziemlich genaues Bild über die Zufriedenheit Ihrer Mitarbeiter. Die bloße Tatsache, dass Sie sich darüber informieren möchten, ist bereits ein großer Pluspunkt, da Sie dadurch Interesse und Anteilnahme zeigen. Und das ist immer ein guter Ausgangspunkt.

Sichtbar oder unsichtbar

Test: Sind Sie ein unsichtbarer Mitarbeiter?
1. Sie kennen die offiziellen Ziele/Werte Ihres Teams oder Unternehmens nur ganz grob und interessieren sich eigentlich auch gar nicht dafür.
2. Es ist schon mehrere Jahre her, dass einer Ihrer Vorschläge von Ihrem Vorgesetzten umgesetzt wurde.
3. Ihr Vorgesetzter hört Ihnen nicht zu und beachtet Sie auch nicht weiter, wenn Sie sein Büro betreten, sondern beschäftigt sich lieber mit seinen E-Mails.
4. Sie wurden in der vergangenen Woche von Ihrem direkten Vorgesetzten kein einziges Mal ausdrücklich gelobt.
5. Es ist mindestens schon ein Jahr her, dass Sie für eine hervorragende Leistung mit irgendeiner materiellen Belohnung öffentlich ausgezeichnet wurden.
6. Es dauert oft Wochen oder gar Monate, bis Ihre Leistung anerkannt wird.
7. Sie können sich schon gar nicht mehr daran erinnern, wann Ihr Teamleiter eine wichtige Teamleistung mit einer kleinen Feier gewürdigt hat.
8. Jeder in Ihrer Abteilung erhält dieselbe Belohnung für unterschiedliche persönliche Beiträge.
9. Sie kämen nicht einmal im Traum darauf, Ihr Unternehmen einem Freund als Arbeitgeber zu empfehlen.
10. Sie sind jeden Tag eine Minute nach 17.00 Uhr bereits auf dem Heimweg.

Auswertung
Sie konnten die folgende Anzahl an Aussagen für sich mit »Ja« beantworten:

1 bis 2 Mal: Sie könnten vielleicht unsichtbar sein.
3 bis 8 Mal: Sie *sind* ein unsichtbarer Mitarbeiter.
9 bis 10 Mal: Sie stehen kurz davor, *sich mit einem Plopp in Luft aufzulösen.*

Kapitel 2
Vaporisationen

»Erkläre mir doch bitte noch einmal, weshalb wir das alles tun«, wollte Star völlig außer Atem von dem Mann wissen, der schnellen Schrittes und scheinbar mühelos einige Meter vor ihr den Berg hinauflief. Jon musste lachen. Kein bisschen aus der Puste fragte er belustigt: »Isst du gerne?«

»Vielleicht könnte ich lernen, ohne Nahrung auszukommen«, murmelte Star und schlug einen weiten Bogen um eine Schlange, die schläfrig ein Sonnenbad auf einem Felsen genoss. Mit dieser Einstellung war Star nicht alleine. Für die meisten Wurc-Urs hatte das Klettern nicht nur seinen früheren Reiz verloren, sondern war zu einer nervenzerreißenden Anstrengung geworden. Die undankbare Aufgabe, auf ausgetretenen Pfaden stumpfsinnig vor sich hin zu trotten, und die beständige Angst, von den suchenden Blicken der Hochländer entdeckt zu werden, zerrte an den Nerven, mussten doch die Wurc-Urs einerseits ihre Arbeit erledigen, durften anderseits dabei jedoch keinerlei Aufmerksamkeit erregen. Deshalb verbrachten Star und die anderen viel Zeit damit, sich über ihr schweres Los zu beklagen und nur ja nicht entdeckt zu werden. Nicht, dass die Hochländer sie mit Argusaugen verfolgten, aber man konnte ja nie wissen ...

Im Schatten eines kleinen Baumes machte Star halt. »Wie wäre es mit einer Rast?«, wollte sie von Jon wissen.

Jon zwinkerte ihr zu und gesellte sich zu Star. Er hatte den athletischen Körperbau eines Wurc-Urs, eine blasse, fast durchscheinende Haut und hellblonde Haare. Es bräuchte schon einen sehr scharfsichtigen Hochländer, um ihn sehen zu können, dachte Star. Das heißt wenn sich überhaupt einer die Mühe machen sollte, Ausschau zu halten.

»Kaum zu glauben, wie gut er sich seiner Umgebung anpasst«, murmelte Star voller Respekt. Es war kein Geheimnis, dass Jon zu den begnadetsten Kletterern unter den Wurc-Urs zählte. Er war sogar schon einmal auf die Höhen vorgedrungen, wo es wertvolle Diamanten gab. Doch als Star mehr darüber wissen wollte, hatte Jon nur die Schultern gezuckt.

Der unsichtbare Mitarbeiter. Adrian Gostick und Chester Elton
Copyright © 2007 WILEY-VCH Verlag GmbH & Co. KGaA, Weinheim
ISBN: 978-3-527-50284-4

Ihre Säcke waren noch leer. Die Edelsteine wurden nie auf dem Weg nach oben, sondern immer auf dem Rückweg aufgesammelt. So ließ sich viel Kraft sparen, hatte ihr Jon verraten. Und er hatte ihr noch einen Tipp gegeben: die vollen Säcke auf dem Rückweg die steilen Felswände hinunter zu werfen, anstatt die schwere Last zu schleppen. Klar, dass dabei einige der Edelsteine zerbarsten, aber der Abstieg wurde dadurch viel leichter. Das war nur eine der vielen Möglichkeiten, sich die Arbeit bequemer und einfacher zu machen.

»He, sieht ganz danach aus, als stünde das Arbeiterdankfest vor der Tür«, meinte Star und deutete ins Tal zu den Hochländern.

Immer zu Neumond und zu Halbmond machten sich die Hochländer auf den Weg zu den Opferstätten am Fuße der Berge. Für die mit Edelsteinen gefüllten Truhen, die die Wurc-Urs dort hinterließen, brachten die Hochländer Körbe mit Obst, Getreide und Gemüse als Dankesgaben dar, von denen sich die Wurc-Urs hauptsächlich ernährten. Die Früchte aus den Obstgärten der Hochländer schimmerten im Mondlicht violett und blau, rot und golden – als ob es Edelsteine wären.

Star lief beim Gedanken an den Geschmack der süßen, herrlich duftenden Früchte das Wasser im Mund zusammen.

Star war klar, dass die Essensgaben nicht nur der Lohn für die Edelsteine waren, sondern irgendwie auch eine Art Bestechung, um die kostbaren Steine weiterhin ins Tal zu bringen. Und die Wurc-Urs ließen sich auf diesen Handel ein. Zwar blieben Menge und Qualität der Edelsteine immer gleich, aber immerhin lieferten die Wurc-Urs sie Jahr für Jahr säckeweise ab, ungeachtet der damit verbundenen Risiken. Sie mussten schließlich etwas essen. Und die Hochländer waren nicht nur die Herren über die Berge, sondern auch über die Felder, auf denen die einzigen Lebensmittel der Insel wuchsen.

Doch vor kurzem war etwas passiert. Etwas, das das geregelte Leben auf Kopani durcheinander brachte. So sehr sich Star auch bemüht hatte, war es ihr nicht gelungen, die Gespräche der Ältesten zu belauschen, die am Lagerfeuer besorgt miteinander tuschelten.

Doch Jon hatte sie gehört.

»Hast du mitgekriegt, was die anderen besprochen haben?«, wandte er sich an Star, als er sich neben sie setzte.

Sie schüttelte den Kopf und beugte sich mit verschwörerischer Miene zu ihm.

»Vaporisationen. Das passiert zurzeit.« Star fiel auf, dass ihn der Stolz auf sein Wissen für einen kurzen Augenblick sichtbarer machte. »Wurc-Urs verschwinden einfach.« Er schnippte mit den Fingern. »Plopp. Einfach so. Lösen sich in Luft auf. Die Ältesten kennen weder den Grund, noch haben sie eine Ahnung, was sie dagegen unternehmen können.«

Die Angst stand ihm ins Gesicht geschrieben, als er ihr verriet: »Diese Woche sind vier Wurc-Urs verschwunden.«

Das also war es. Vaporisationen. Kann das sein? Als sie sich wieder auf den Weg machten, grübelte Star darüber nach. Vor ihrem inneren Auge tauchten die Gesichter ihrer Freunde auf, die sie möglicherweise nie wiedersehen sollte. Sie dachte an deren einzigartige Fähigkeiten, die dann für immer verloren wären. Saria, die immer genau wusste, in welchen Felsspalten und Schluchten es massenweise Edelsteine gab. Die älteren, erfahrenen Kletterer, die ihr Wissen gerne an die Jungen weitergaben. Oder Remi, der ein untrügliches Gespür dafür hatte, ob das Wetter mit einem Mal umschlagen würde und das Klettern zu gefährlich wäre. Sie ertappte sich sogar bei dem egoistischen Gedanken, dass sie viele Touren mehr machen müsste, wenn sich weitere Wurc-Urs in Luft auflösen würden.

Und dann war es an der Zeit für das Arbeiterdankfest.

Es war eine wunderschöne Nacht: Am klaren Himmel funkelten die Sterne wie Diamanten.

Star stand am Rande der Lichtung und sah den festlich gekleideten Hochländern bei ihrem Festtanz zu. In einer langen Reihe drehten sie Pirouetten, und ihre orangefarbenen Banner flatterten im Mondlicht wie hell glühende Flammen.

Jon, der neben Star stand, flüsterte ihr in halb fragendem, halb ungläubigem Tonfall zu: »Es ist ihnen wirklich völlig egal, woher die Edelsteine kommen, solange sie sie kriegen. Sie könnten ihnen genauso gut einfach direkt vom Himmel in den Schoß fallen.«

Normalerweise hätte Star ihm zugestimmt, doch in dieser lauen Nacht fiel es ihr schwer, die Hochländer zu kritisieren. Immerhin war Arbeiterdankfest.

»Aber sie tanzen doch für uns«, meinte Star.

Jon schenkte ihr ein nachsichtiges Lächeln, als sei sie ein Kind, das gerade etwas Dummes gesagt hatte.

»Früher haben sie vielleicht wirklich für uns getanzt, aber heute tanzen sie, weil es auf wundersame Weise die Edelsteine erscheinen lässt. An uns denken sie dabei bestimmt nicht. Wir sind ihnen ganz egal. Sie tanzen zu ihrem eigenen Vergnügen.«

Star dachte kurz nach und zuckte dann die Schultern. Diese Nacht war nicht der richtige Zeitpunkt, um sich darüber zu streiten.

»Lassen wir es gut sein. Komm, es ist so eine schöne Nacht und – «, meinte sie versöhnlich.

Es geschah rasend schnell. In dem Augenblick, in dem sich Star zu Jon umwandte, um ihn aufzuheitern, hörte sie ein sanftes Plopp. Von Jon war keine Spur mehr zu sehen. Er war verschwunden. Unsichtbar. Er war nicht irgendwie mit den Schatten verschmolzen. Nein, er war weg. Plopp. Einfach so.

Die Stelle, an der Jon noch vor einer Sekunde gestanden hatte, war still und leer.

Verschwundene Mitarbeiter

Warum Mitarbeiter gehen

Wenn Sie wüssten, dass es etwas gibt, was zu 79 Prozent dafür verantwortlich ist, dass Mitarbeiter kündigen, würden Sie etwas dagegen unternehmen? Nun, gemäß der Society of Human Resource Management ist es tatsächlich so, dass 79 Prozent der mitarbeiterseitigen Kündigungen aufgrund *mangelnder Anerkennung oder Wertschätzung* eingereicht werden.

Es überrascht nicht weiter, dass auch Prudential Financial in einer breit angelegten Umfrage, die Informationen über aktuelle, ehemalige und potenzielle Mitarbeiter liefern sollte, zu ähnlichen Ergebnissen gelangte. Einer der Hauptgründe, die ehemalige Mitarbeiter für ihre Kündigung angaben, war, dass sie sich für ihre Leistungen nicht geachtet und geschätzt fühlten.

In unserer heutigen Zeit wird den Arbeitnehmern abverlangt, mit weniger mehr zu leisten. Kein Wunder, dass sie rebellieren – aber nicht, indem Streikposten vor dem Firmengelände aufgestellt werden, sondern indem sie in sich hineingrummeln, Möglichkeiten finden, sich die Arbeit so bequem und einfach wie möglich zu machen oder letztendlich einfach das Handtuch werfen und von der Bildfläche verschwinden.

Doch was soll Arbeit mit *leidenschaftlicher Begeisterung* zu tun haben? Ziemlich viel, wenn es um die Zufriedenheit der Mitarbeiter geht.

Mitarbeiter gehen nicht aus finanziellen Gründen, ... sondern weil sie ihren Chef nicht mehr ertragen

Obwohl die meisten von uns befragten Manager davon überzeugt scheinen, dass sich die Loyalität ihrer Mitarbeiter mit dem Gehalt erkaufen ließe, taucht Geld ganz selten oben auf der Liste der Faktoren auf, die Mitarbeiter als wichtig für ihre Zufriedenheit erachten. Die Bezahlung ist ein guter Grund, täglich zur Arbeit zu erscheinen, aber kein Garant für eine langfristige Bindung ans Unternehmen. Und wenn man einmal darüber nachdenkt, ist eigentlich auch klar, warum.

Was glauben Sie, wie groß der finanzielle Vorteil ist, den Arbeitgeber zu wechseln? Haben Sie schon einmal einen Mitarbeiter sagen hören, »In der anderen Firma verdiene ich doppelt so viel«?, oder »Ich bekomme dort 50 Prozent mehr«? Wohl eher nicht. Klar, der eine oder andere mag kündigen, um sich tatsächlich finanziell zu verbessern – für ein um 20 Prozent höheres Gehalt, zum Beispiel. Doch da die Gehälter in Nordamerika im Durchschnitt gerade einmal um fünf Prozent steigen, können Sie sich denken, dass einige Mitarbeiter auch dann zu einem anderen Arbeitgeber wechseln, wenn dies eine beträchtliche finanzielle Verschlechterung darstellt.

Die Wahrheit ist: Einige Mitarbeiter nehmen eine Gehaltsverschlechterung in Kauf, nur um *Sie* loszuwerden. Au weia!

Eine Studie des Saratoga Institute ergab, dass die Mitarbeiterzufriedenheit zu 50 Prozent von der Beziehung zum direkten Vorgesetzten abhängt. Wird diese Beziehung als schlecht empfunden, führt dies zu Unzufriedenheit mit der gesamten Arbeitssituation. Als Hauptgrund für ihre Kündigung gaben die 20 000 vom Saratoga Institute befragten Arbeitnehmer an, das Verhalten ihrer jeweiligen Vorgesetzten wäre unerträglich gewesen. Vielleicht können Sie das nicht glauben – oder Sie haben diese Erfahrung auch schon einmal machen müssen.

Nach einem Vortrag, den wir auf der Jahresversammlung der International Association of Business Communicators gehalten hatten, packten wir eilig unsere Sachen zusammen, um rechtzeitig zum Flughafen zu kommen, als eine elegante Geschäftsfrau aus dem Gesundheitswesen auf uns zukam und uns unbedingt etwas mitteilen wollte. »Ich habe früher nie glauben können, dass Mitarbeiter wegen ihrer Vorgesetzten kündigen, bis ich es am eigenen Leib erlebt habe. Meine Chefin war einfach schrecklich. Sie dachte ausschließlich an sich selbst.« Die Erinnerung daran ließ sie tatsächlich schaudern.

»Sie haben sich sozusagen in Luft aufgelöst?«, fragten wir nach.

»Genau«, sagte sie. »Ich kündigte und fand eine großartige neue Stelle und einen wunderbaren Chef, der sich immer bei mir bedankt.«

Schön für die neue Firma, schlecht für die alte. Viel schlechter als der vorherige Arbeitgeber glauben mag.

Die Besten gehen zuerst

Sie haben wahrscheinlich schon einmal davon gehört oder gelesen, dass man im Bergbau früher kleine Vögel als Frühwarnsystem einsetzte. Die Kumpel nahmen einen Kanarienvogel oder einen anderen Vogel mit unter Tage, da dieser als erster auf eventuell tödliche Gase reagierte. In anderen Worten: Wenn der Piepmatz tot von der Stange fiel, war es höchste Zeit, sich in Sicherheit zu bringen.

Am Arbeitsplatz sind es Ihre besten Mitarbeiter, die ähnlich empfindlich wie die Kanarienvögel reagieren, nur dass sie natürlich nicht tot umfallen, sondern einfach von der Bildfläche verschwinden.

Marshall Goldsmith, Gründer und Leiter der Alliance for Strategic Leadership, meint dazu: »Auf die Frage, weshalb sie ihr Unternehmen verlassen haben, geben viele hoch talentierte Spitzenkräfte an, dass sie niemand auch nur ein einziges Mal gebeten hätte zu bleiben. Aus Angst, die »Durchschnittsmitarbeiter« zu befremden, scheuen viele Führungskräfte davor zurück, ihre besten Mitarbeiter wissen zu lassen, dass sie etwas Besonderes für das Unternehmen sind. Diese Praxis erschwert es erheblich, Spitzenkräfte an das Unternehmen zu binden.«

Jack Welch, ehemaliger CEO von General Electric, scheute dagegen keine Mühe, die Spitzenkräfte seines Unternehmens zu identifizieren und sie wissen zu lassen, dass sie unverzichtbar sind. »Die oberen 20 Prozent der Spitzenkräfte müssen umhegt und gepflegt werden und verdienen moralische und finanzielle Anerkennung, da sie es sind, die Wunder vollbringen können«, erklärte er.

Ist das in einem Unternehmen herrschende Klima jedoch vergiftet, gehen normalerweise die Spitzenkräfte als Erste.

Wie lässt sich dieser Exodus aufhalten? Ganz einfach: durch mehr Anerkennung.

Denken Sie kurz nach: Wie oft haben Sie gestern Kritik (auch wenn sie konstruktiv war) geübt und nach Korrekturen verlangt? Und wie oft haben Sie Lob ausgesprochen und sich bedankt?

Viele Mitarbeiter werden deutlich häufiger kritisiert als gelobt. »Wenn ich einen Fehler mache, fällt er meinem Vorgesetzten hundertprozentig auf, doch wenn ich etwas besonders gut mache, fällt es ihm nur in einem von hundert Fällen auf«, erzählte uns ein Mitarbeiter einer Dienstleistungsfirma.

Traurig, oder? Einem Prozent Anerkennung stehen 99 Prozent Kritik gegenüber.

Was wäre wohl, wenn aus diesem einen Prozent zwei würden? Oder, noch besser, zehn, 20 oder 40 Prozent? Das Ergebnis würde Sie überraschen!

Dazu ein Beispiel aus dem Gaststättengewerbe: Wenn Sie schon einmal in einem Restaurant gearbeitet haben, wissen Sie ja, dass das Arbeitsumfeld eine extrem wichtige Rolle spielt. Gaststätten können teamorientierte Arbeitsplätze sein, in denen die Zusammenarbeit mit motivierten Kollegen und engagierten Vorgesetzten viel Spaß macht und großartige Produkte verkauft werden. Sie können aber auch Arbeitsplätze sein, die sich durch überhöhte Ansprüche, anstrengende Kollegen, wenig Anerkennung und dramatische Fluktuationsraten (bis zu 300 Prozent pro Jahr) auszeichnen.

In einer Eisbude von Friendly's Ice Cream fällt innerhalb kürzester Zeit auf, dass großer Wert auf ein angenehmes Arbeitsumfeld gelegt wird.

Sehen wir uns die Eisdiele in Hershey im US-Bundesstaat Pennsylvania einmal genauer an. Sie wird von Beverly Gomez geleitet. Wenn Sie glauben, Sie hätten schon genug um die Ohren damit, Ihre Mitarbeiter kennen zu lernen, nehmen Sie sich ein Beispiel an Beverly, der immerhin 77 Mitarbeiter unterstellt sind. Seit Gomez vor zwei Jahren als Chefin der Eisdiele eingesetzt wurde, hat sich die Mitarbeiterfluktuation auf 25 Prozent reduziert, und auch die finanziellen Ergebnisse können sich durchaus sehen lassen.

Wie hat sie das bloß geschafft?

»Vor allem muss man sich ehrlich für die Mitarbeiter interessieren«, verriet sie uns. »Man muss jeden gleich behandeln und zugleich auf die individuellen Unterschiede eingehen. Zudem ist es erforderlich, alle Mitarbeiter aufmerksam zu beobachten, um zu erkennen, was den Einzelnen motiviert.«

Diese hervorragende Managerin erzählte uns eine Geschichte über eine Spülkraft in ihrer Eisdiele. Die Mitarbeiterin war noch relativ neu und nicht so flink wie ihre Kollegen. Die meisten Vorgesetzten würden davor zurückschrecken, einen »unterdurchschnittlichen« Mitarbeiter zu belohnen, weil dies bei den anderen Mitarbeitern vielleicht auf Unverständnis stoßen könnte. Doch Gomez ist anders als »die meisten«.

»Kürzlich überraschte sie mich mit einer für sie außergewöhnlichen Leistung. Statt der 45 Minuten, die sie manchmal für das Aufräumen und Putzen des Spülbereichs brauchte, erledigte sie diese Aufgabe in nur 30 Minuten. Ich lobte sie in einem persönlichen Gespräch für ihre großartige Leistung und bedankte mich bei ihr mit einer Eistorte. Sie war so gerührt, als hätte ich ihr das schönste Geschenk ihres Lebens gemacht.«

Wir fragten nach, wie sich die Mitarbeiterin im Anschluss an dieses Gespräch verhielt, und Gomez erzählte uns: »Sie ist mir gegenüber viel offener und redet öfter mit mir. Viele Mitarbeiter trauen sich nicht, ihre Vorgesetzen offen anzusprechen. Nachdem ich ihr eine Eistorte geschenkt hatte, fühlte sie sich mir gegenüber sicherer, und wir haben nun ein viel besseres Verhältnis zueinander. Wenn ich jetzt sehe, dass sich das Geschirr stapelt, kremple ich die Ärmel hoch und helfe ihr dabei.«

Und das alles, weil eine unterdurchschnittlich gute Arbeitskraft eine kleine Anerkennung erhielt – eine Anerkennung, die den Ausgangspunkt für ein dauerhaft gutes Verhältnis darstellte.

Eine vor kurzem durchgeführte Umfrage unter Tausenden von Vollzeitangestellten ergab, dass Mitarbeiter in Unternehmen, in denen ihre Anerkennung Programm ist, sich vier Mal häufiger »sehr zufrieden« über ihren Arbeitsplatz äußern als Mitarbeiter, deren Arbeitgeber keinerlei Belohungsinitiativen für gute Leistungen vorsehen. Zufriedene Mitarbeiter haben kaum Anlass, in absehbarer Zukunft ihre Kündigung einzureichen. Wir als Führungskräfte können – und sollten – deutlich häufiger Lob einsetzen, als wir das bislang tun.

In welchem Verhältnis sollten Lob und Anerkennung im Idealfall stehen? Gemäß den Ergebnissen der Gallup-Studie empfehlen Tom Rath und Donald Clifton in ihrem Buch *How Full Is Your Bucket*, dass fünf Mal häufiger gelobt als kritisiert werden sollte, um Bestleistungen der Mitarbeiter in der Unternehmenskultur zu verwurzeln.

Eine gängige Managementregel lautet zwar, dass Lob und Kritik im Verhältnis eins zu eins stehen sollten – ein Zuckerbrot für jeden Peitschenhieb – doch auch unsere Studien in Dutzenden der größten Weltkonzerne bestätigten nicht nur die Fünf-zu-eins-Regel, sondern erbrachten sogar die interessante Erkenntnis, dass das Eins-zu-eins-Verhältnis von Lob und Kritik in Wahrheit eher eine schlechte Beziehung zwischen Chef und Mitarbeiter entstehen lässt.

An dieser Stelle fällt uns die Begegnung mit einer Managerin ein, die es eigentlich gut mit ihren Mitarbeitern meinte. Sie sprach uns nach einem Vortrag in einem texanischen Krankenhaus an und erzählte uns, dass sie am Anfang jedes Jahres allen Mitarbeitern einige Wertmarken aushändigte. Für besonders gute Leistungen erhielten die Mitarbeiter im Lauf des Jahres weitere Wertmarken hinzu, die sie im Dezember für eine Belohnung einlösen konnten.
»Was für eine originelle Idee«, fanden wir.
»Und wenn meine Mitarbeiter einen Fehler machen, nehme ich ihnen dafür eine Wertmarke ab«, fügte sie hinzu.
»Autsch«, entfuhr es uns.

Überlegen Sie nur einmal, welche Auswirkungen ein solches Eins-zu-eins-Verhältnis von Lob und Kritik auf die Beziehung mit Ihrem Lebenspartner hätte. Wie lange ginge dieses Wechselbad der Gefühle gut? Seien Sie ehrlich: Wie viele Komplimente braucht es, damit man Ihnen nur eine kritische Bemerkung verzeiht? Zum Beispiel: »Das Kleid steht dir wirklich gut, Schatz. Du siehst darin nicht so mollig aus.«

Würde in Ihrer Liebesbeziehung ein Eins-zu-eins-Verhältnis von Lob und Kritik herrschen, müssten Sie wahrscheinlich schon längst im Vorgarten übernachten. Am Arbeitsplatz gewinnen Sie mit solch einem Verhalten auch keinen Blumentopf.

Viel Lob hilft viel

Die Tatsache, dass Lob wesentlich wirkungsvoller ist als Kritik, ist bereits seit 1925 bekannt, als Dr. Elizabeth Hurlock Untersuchungen über die Konsequenzen verschiedener Arten von Feedback im Mathematikunterricht bei Viert- und Sechstklässlern anstellte. Der Versuch war auf fünf Tage angelegt und sah vor, dass eine Schülergruppe gelobt, eine andere kritisiert und eine dritte ignoriert wurde. Vom zweiten bis zum fünften Tag wurde protokolliert, wie viele mathematische Problemstellungen jede Schülergruppe löste.

Schon am zweiten Tag verzeichnete die Gruppe der »gelobten« Schüler im Vergleich zu den »kritisierten« und den »ignorierten« Schülern ein wesentlich höheres Leistungsniveau, und am Ende der Versuchsreihe konnte diese Schülergruppe 71 Prozent aller mathematischen Probleme lösen. Im Gegensatz dazu erreichte die »kritisierte« Schülergruppe eine Lösungsquote von 19 Prozent, die »ignorierte« Gruppe lediglich fünf Prozent.

Trevor Grams, Ingenieur und leitender Betriebsdirektor bei EPCOR Generation Inc. in Edmonton im kanadischen Alberta ist ebenfalls davon überzeugt, dass mit Lob mehr erreicht wird als mit Kritik. »Wir müssen sehr produktiv arbeiten und ein großes Arbeitspensum bewältigen, das von Jahr zu Jahr größer wird. Das ist nun einmal so. Und das gelingt uns wesentlich besser, wenn wir unsere Mitarbeiter loben, statt sie zu kritisieren.«

Als junger Betriebsleiter in Rossdale, Alberta, hatte Grams eine prägende Erfahrung mit einem seiner direkten Untergebenen – dem Sicherheitsbeauftragten – gemacht. »Ich wollte ihm damals meine Anerkennung dafür aussprechen, dass er einige zusätzliche Aufgaben, die gar nicht so einfach waren, ausgezeichnet bewältigt hatte. Es kostete mich einige Zeit, ihn überhaupt aufzuspüren, und als ich ihn gefunden hatte, bedankte ich mich bei ihm. Später kam er noch einmal auf mich zu, um mit mir darüber zu sprechen, denn die Sache hatte ihn beschäftigt. Was mein Lob für ihn anging, meinte er kurz und bündig: »Das ist alles, was ich will. Nicht mehr und nicht weniger.«

Anders ausgedrückt, der Sicherheitsbeauftragte machte seine Zufriedenheit mit seinem Arbeitsplatz weder vom Gehalt abhängig – als qualifizierter Mitarbeiter hätte er überall gleich viel verdienen können – noch von den Zusatzleistungen – andere Firmen hätten ihm durchaus Vergleichbares bieten können. Es war Trevors unmittelbares Feedback, das ihm zeigte, dass sein Vorgesetzter seine einzigartigen Fähigkeiten und Beiträge zu schätzen wusste. Und ihm war klar, dass er diese Anerkennung bei einem anderen Arbeitgeber vermutlich nicht erhalten würde.

Mitarbeiter legen mehr Wert auf ehrlich gemeintes Lob als Sie glauben. Tatsache ist, dass sie mindestens einmal pro Woche gelobt werden wollen, auch wenn viele Manager der irrigen Ansicht sind, dass ihre Mitarbeiter bei so viel Lob überheblich würden.

Unser Freund Quint Studer, pensionierter Vorsitzender eines sehr erfolgreichen Krankenhauses und nun Chef seiner Studer Consulting Group, amüsiert sich darüber: »Wurden Sie schon einmal zu Ihrem Chef zitiert? Denken Sie sich dann, ›Muss das denn sein, dass er mich schon wieder mit Lob und Anerkennung überschüttet! Wie viele Kom-

plimente muss ich mir denn noch anhören? Mein Güte, das geht echt zu Lasten meiner Produktivität.‹ «
Wohl kaum. Ihr erster Gedanke ist: »Was habe ich denn jetzt schon wieder falsch gemacht?«
Machen Sie sich also keine Sorgen. Es ist sehr, sehr schwierig, Mitarbeiter *zu viel* zu loben. Noch kein Mitarbeiter musste sich in ärztliche Behandlung begeben, weil ihm aufgrund übermäßigen Lobs vor lauter Stolz die Brust zu platzen drohte. Sehr viel wahrscheinlicher ist es, dass Mitarbeiter unter mangelnder Anerkennung leiden.

Als Führungskraft muss man sich bewusst machen, dass konkretes Lob und häufige Anerkennung kein Kinderspiel ist. Die Fähigkeit zu loben ist eine der Grundvoraussetzungen für einen guten Führungsstil und ein gutes Arbeitsklima.

Wie schon unserem Sicherheitsbeauftragten im kanadischen Alberta klar war, ist ein zu Lob und Anerkennung fähiger Chef das Einzige, das ihm eine andere Firma nicht bieten konnte.

Lob macht sich bemerkbar

Mitarbeiter, die für ihre Leistungen gelobt werden, bleiben normalerweise nicht nur ihrem Arbeitgeber treu, sondern geben auch ihr Bestes für ihn.

Das ergab zum Beispiel eine Studie des Beratungsunternehmens Watson-Wyatt, die die Anerkennungspraktiken bei 614 Arbeitgebern untersuchte. Die Fluktuationsrate in Unternehmen mit einer eindeutig festgelegten Anerkennungsstrategie war um 13 Prozent niedriger als in Unternehmen, in denen eine solche Strategie weniger gut kommuniziert wurde.

Sie erinnern sich an die 79 Prozent der Arbeitnehmer, die aufgrund fehlender Anerkennung kündigen? Im krassen Kontrast dazu stehen die Ergebnisse einer neueren Hewitt-Studie: In den »besten« Unternehmen – in denen 61 Prozent der Belegschaft darauf vertrauen, dass die Firmenleitung die Interessen der Mitarbeiter mit den wirtschaftlichen Interessen vereinbart – gaben 79 Prozent der Mitarbeiter an, »hoch motiviert täglich ihr Bestes zu geben«.

Man sagt, jede Führungskraft ist immer nur so gut wie ihre Mitarbeiter. Mit Lob und Anerkennung zählen Sie und Ihre Mitarbeiter immer zu den Besten. Und was kann man sich als Führungskraft Schöneres wünschen?

Mitarbeiterfluktuation ist eine teure Angelegenheit

Eine hohe Mitarbeiterfluktuation kommt jedes Unternehmen teuer zu stehen. Sie verursacht viel höhere Kosten, als die meisten Manager gemeinhin annehmen. Tatsache ist, dass die Mitarbeiterfluktuation der höchste nicht bezifferte Kostenfaktor in der Unternehmenswelt ist.

Laut William Bliss, Chef des in Wayne, US-Bundesstaat New Jersey, angesiedelten Beratungsunternehmens Bliss & Associates, das seine Klienten vor allem bei der Verbesserung der Unternehmensperformance unterstützt, ist die Mitarbeiterfluktuation den meisten Unternehmen nur eine oberflächliche Betrachtung wert.

»Das Management geht generell davon aus, dass die Neubesetzung einer frei gewordenen Stelle rund 50 000 bis 60 000 US-Dollar kostet. Erwiesenermaßen belaufen sich die Kosten allerdings auf 150 Prozent des für diese Stelle üblichen Jahresgehalts«, meint Bliss und führt als Beispiel auf, dass sich die Kosten, einen ausgeschiedenen Mitarbeiter mit einem Jahresgehalt von 50 000 US-Dollar (umgerechnet ca. 39 000 Euro) zu ersetzen, zu stattlichen 75 000 US-Dollar (ca. 58 000 Euro) summieren können.

Ausgaben in dieser Höhe ziehen schon eher die Aufmerksamkeit der CEOs und CFOs auf sich.

In diese Kosten fließen die Ausgaben für Stellenausschreibungen, für Zeitpersonal oder Überstunden der Kollegen während der Überbrückungszeit ebenso ein wie Verluste aufgrund entgangener Gelegenheiten, das Honorar für Head Hunter-Firmen, Umzugskosten für den neuen Mitarbeiter, die Arbeitszeit für Bewerbungsgespräche und die Kosten der Einarbeitungsphase. Kaum bezifferbar und somit in der Kostenaufstellung auch nicht enthalten sind der erlittene Wissens- und Erfahrungsverlust durch den ausgeschiedenen Mitarbeiter, negative Auswirkungen auf den Kundendienst, der Verlust wertvoller Kundenerkenntnisse, entgangene Geschäftsabschlüsse, emotionale

Kosten, Verschlechterung der Arbeitsmoral, Erschöpfungserscheinungen und Fehlzeiten unter den verbleibenden Arbeitskollegen, Verlust der Berufserfahrung, Störungen des Geschäftsablaufs ... diese Liste könnte noch um viele Punkte erweitert werden.

Eine Aufstellung der landesweiten Gesamtkosten, die uns persönlich in dieser Form noch nirgends schwarz auf weiß unter die Augen gekommen ist, macht die Ausmaße des Problems überdeutlich: In den USA kündigen monatlich vier Millionen Arbeitnehmer ihren Job, aufs Jahr gesehen sind das 48 Millionen eingereichte Kündigungen. Mit einem Durchschnittsgehalt von 34 065 US-Dollar und vorsichtig geschätzten Kosten für den Ersatz eines ausgeschiedenen Mitarbeiters von 100 Prozent des Jahresgehalts, summieren sich die durch Mitarbeiterfluktuation verursachten Kosten für die US-amerikanische Wirtschaft auf jährlich mindestens 1,7 Billionen US-Dollar. Und wie gesagt, dies sind lediglich die Zahlen für die USA. Weltweit erreichen diese Ausgaben astronomische Ausmaße.

Auf Mikroebene entsteht für diejenigen unter uns, die sich darum bemühen, Wettbewerbsvorteile zu sichern, ein Verlust, der sich nicht in barer Münze ausdrücken lässt, weil es vor allem die hoch talentierten Spitzenkräfte sind, die zuerst das Handtuch werfen. Das ist auch völlig klar, denn aufgrund ihrer Fähigkeiten und Kenntnisse haben sie die besten Chancen auf dem Arbeitsmarkt.

Ja wo ist denn mein bester Mitarbeiter plötzlich abgeblieben? So schnell können Sie gar nicht schauen, wie er sich mit einem sanften Plopp in Luft auflöst.

Und wer ist Ihnen treu geblieben? Die unfähige Krankenschwester, die zig Versuche benötigt, um einmal die Vene zu treffen, der ständig schlecht gelaunte Ingenieur, um den jeder einen großen Bogen macht, die hypochondrische Wartungstechnikerin, die häufiger beim Arzt als an ihrem Arbeitsplatz anzutreffen ist? Es sind die *Kollegen und Kolleginnen* dieser Mitarbeiter, die sich auf Stellensuche begeben. Sie hoffen darauf, dass auch Ihre unfähigen Mitarbeiter irgendwann den Arbeitsplatz wechseln? Vergessen Sie es. Sie haben diese Mitarbeiter dummerweise eingestellt, und sie werden Ihnen für immer und ewig erhalten bleiben.

Und für immer und ewig ist eine verdammt lange Zeit.

Rechenhilfe

Ein Kurswechsel steht an
Sie möchten abschätzen, was die Mitarbeiterfluktuation Ihr Unternehmen kostet? Dann empfehlen wir Ihnen folgende Faustformel: Multiplizieren Sie die Anzahl der Mitarbeiter, die ihre Kündigung eingereicht haben (diejenigen, denen Sie kündigen, lassen Sie außer Acht) mit dem Betrag, der dem durchschnittlich gezahlten Jahresgehalt in Ihrem Unternehmen entspricht. Beispiel: Von Ihren insgesamt 500 Mitarbeitern reichen pro Jahr durchschnittlich 15 Prozent ihre Kündigung ein. Das heißt, im letzten Jahr haben 75 Mitarbeiter Ihr Unternehmen aus eigenen Stücken verlassen. Angenommen, in Ihrem Unternehmen beträgt das durchschnittlich gezahlte Jahresgehalt 29 700 Euro, dann kostet Sie die Mitarbeiterfluktuation 75 mal 29 700 Euro, das sind 2,2 Millionen Euro. 2,2 Millionen Euro, die Sie sicher lieber als Plus in Ihren Unternehmensbilanzen verzeichnen würden, oder?

Kapitel 3
Der Seher

Ein Schauer rann Star über den Rücken. Ihr Freund war spurlos verschwunden und hatte sie allein zurückgelassen. Sie nahm das Arbeiterdankfest, den Gesang und die Musik nur noch undeutlich wahr. Haltsuchend stützte sich Star an einem Baum und spürte ein Kribbeln an der Stelle, an der Jon eben noch gestanden hatte. Sie fühlte sich benommen ... und mutterseelenallein.

»Was zum Teufel war das?«, fragte sie sich. Das kann doch keine Vaporisation gewesen sein, oder? Jon kann sich doch nicht einfach mit einem Plopp in Luft auflösen. Nicht Jon.

Doch insgeheim wusste sie, dass genau das passiert war. Ihre Gedanken kreisten um eine einzige Frage: Weshalb jetzt? Weshalb ausgerechnet während des Arbeiterdankfestes, das doch schließlich das größte Zeichen der Anerkennung war.

Und dann stellte sie zu ihrem Entsetzen fest, dass es noch ein Problem gab. Sie war doch nicht allein. Sie wirbelte herum und starrte ins Dunkel des Waldes – und schnappte nach Luft.

Wie festgewurzelt stand ganz in ihrer Nähe ein junger Hochländer zwischen den Bäumen. So unglaublich es war, schien er Jons plötzliches Verschwinden beobachtet zu haben. Und nun starrte er sie an.

»Ich muss verschwinden!«, dachte sie voller Schreck. »Ich muss mich unsichtbar machen!« Doch es gelang ihr nicht. Vielleicht wollte sie es auch nicht. Wie von einer fremden Macht gebannt, verharrte sie auf der Stelle.

Sie sah, wie der junge Hochländer sich gerade an eine ältere Hochländerin wandte, die neben ihm stand. »Zwischen den Bäumen dahinten geht irgendetwas vor«, sagte er zu ihr und deutete in Stars Richtung.

Die Frau aber konnte nichts erkennen. Verärgert zischte sie ihm zu: »Lass die albernen Spielchen, Ian. Bringen wir diese idiotische Geschichte hinter uns, damit wir wieder ins Dorf zurückgehen können. Ich habe Wichtigeres zu tun.«

Der unsichtbare Mitarbeiter. Adrian Gostick und Chester Elton
Copyright © 2007 WILEY-VCH Verlag GmbH & Co. KGaA, Weinheim
ISBN: 978-3-527-50284-4

Schlagartig wurde Star bewusst, wie unvernünftig sie sich verhielt. »Was mache ich eigentlich hier?«, schluchzte sie hilflos und verwirrt, die Hände zu Fäusten geballt. Man hatte sie gesehen, das Unfassbare war geschehen. Sie schloss die Augen und versuchte, sich an alles zu erinnern, was die Stammesältesten jemals darüber gesagt hatten. »Ihr wollt doch Sicherheit«, hatten sie gesagt. »Ihr wollt Bequemlichkeit. Wenn ihr keine Fehlschläge erleiden wollt, niemals Kritik und Erschöpfung erleben möchtet, müsst ihr die Kunst der Lautlosigkeit, die Kunst der Unsichtbarkeit perfektionieren.«

Star rief sich das faltige Gesicht der alten Frau ins Gedächtnis und erinnerte sich an jedes einzelne Wort. »Das ist die einzige Möglichkeit, uns zu schützen.«

»So ist es«, flüsterte Star, holte tief Luft und verschmolz mit ihrer Umgebung.

Ian beobachtete, wie die junge Frau gleich einem Schatten zwischen den Bäumen verschwand. Schnell verlor er sie ganz aus den Augen. Kopfschüttelnd fragte er sich, ob er seinen Augen trauen konnte. Hatte er wirklich eine Wurc-Ur gesehen? Dann kehrte er zur Feier zurück und versuchte, sich auf die Zeremonie zu konzentrieren.

Als der Mond seinen Zenit am nächtlichen Himmel überschritten hatte, neigte sich das Arbeiterdankfest, das an acht Zeremonienplätzen gleichzeitig stattfand, langsam dem Ende zu.

Auf dem Rückweg ins Dorf der Hochländer fiel Ian hinter den anderen zurück. Er war mittlerweile davon überzeugt, dass er in dieser Nacht zwei der Unsichtbaren gesehen hatte, und spähte immer wieder in den Wald, weil er auf eine erneute Begegnung hoffte.

Gesprächsfetzen der anderen Hochländer drangen in der nächtlichen Stille an sein Ohr.

»Manche Truhen waren diesmal gar nicht voll.«

»Außerdem waren mehr zerbrochene Edelsteine als sonst dabei.«

»Paor, hast du Beth gesehen? Ist sie bei dir?«

»Aua, ich werde mich morgen sicherlich kaum rühren können. Langsam werde ich zu alt für diese Tanzerei.«

»Kaum Rubine und kein einziger Smaragd! Beim nächsten Arbeiterdankfest sollten wir sparsamer mit unseren Gaben sein!«

Ian war so in Gedanken versunken, dass er gar nicht richtig zuhörte. Irgendetwas sehr, sehr Merkwürdiges geschah mit den Wurc-Urs. Er nahm sich vor, den Ältesten bei der wöchentlichen Versammlung am morgigen Abend zu erzählen, was er im Wald beobachtet hatte. Sie wüssten bestimmt, was zu tun sei.

Genau wie Ian erwartet hatte, reagierten die Hochländer sehr aufgeregt auf seine Beobachtung. Allerdings aus einem Grund, den Ian nicht erwartet hatte.

»Dafür gibt es ein Wort«, sagte der Stammesälteste. »Wahnsinn.«

Ian war wie vor den Kopf geschlagen. »Ich bin nicht verrückt. Ich habe zwei von den Unsichtbaren gesehen. Und einer von ihnen – ein Mann – hat sich vor meinen Augen in Luft aufgelöst. Ich glaube, das ist der Grund, weshalb die Truhen nicht mehr ganz voll sind. Deshalb bekommen wir weniger Smaragde als sonst. Und deswegen können sie unsere Anforderungen nicht mehr erfüllen. Sie verschwinden ganz einfach.«

Einige der Kinder fingen an zu kichern, und Ian bekam einen puterroten Kopf. Die Stammesältesten blickten ihn stirnrunzelnd an. Unter ihren bohrenden Blicken wünschte sich Ian sehnlichst, in den Schatten verschwinden zu können, so wie es die junge blasse Frau vor seinen Augen getan hatte.

»Ich glaube, ich mache mich auf den Weg in die Berge. Ich bin mir sicher, dass ich die Unsichtbaren finden kann«, schlug er schüchtern vor. »Ich könnte doch mit ihnen reden, mehr über sie erfahren und sie verstehen lernen. Vielleicht hilft uns das allen weiter. Vielleicht könnten wir unsere Sache besser machen oder mehr erreichen.«

»Du vergeudest deine Zeit. Wer auch immer da draußen die Arbeit erledigt, will nicht, dass wir uns einmischen. So lautet die Abmachung«, meinte einer der Ältesten zu Ian.

»Sie nehmen doch unsere Gaben an, die wir bei Neumond und Halbmond darbringen«, rief ein Dritter. »Es gibt keinen Grund, mit ihnen zu sprechen. Wir bezahlen sie für die Edelsteine mit Lebensmitteln – so einfach ist die Sache.«

»Und für dich gibt es hier im Dorf jede Menge zu tun«, rief ein anderer.

»Der ist ja völlig von Sinnen«, murmelte eine Frau und verließ die Versammlung.

Ian war sich seiner Sache plötzlich gar nicht mehr so sicher. Vielleicht hatten sie ja Recht. Schließlich waren sie älter und erfahrener als er. Sie wussten genau, wie die Dinge hier liefen.

»Ach, Ian, du warst schon immer ein Träumer«, seufzte Ians Vater und legte den Arm um ihn. Vergiss das Ganze doch einfach. Deine Aufgabe als Wächter ist es, die Truhen mit den Edelsteinen ins Dorf zu bringen, und du musst alles erst noch lernen. Schau einfach zu, was die anderen machen und lerne von ihnen«, riet er Ian und führte ihn aus der Halle.

Schweigend und in Gedanken versunken begaben sie sich auf den Heimweg. Das scheinbar getrübte Verhältnis zu seinem Vater belastete Ian mehr als die merkwürdige Begegnung mit den Unsichtbaren.

An der Haustür wandte sich Ian an ihn und wollte wissen: »Musst du dich jetzt wegen mir schämen?«

»Aber nein«, rief sein Vater, schüttelte den Kopf und sah zu Boden. »Mir ging es früher wie dir. Ich habe genau dasselbe gedacht, bis mich mein Vater zur Vernunft gebracht hat – wie es auch du einmal mit deinem Sohn machen wirst. Schließlich war das alles ja schon immer so. Schlaf jetzt. Morgen sieht alles viel klarer aus.«

Ian sah seinem Vater noch lange nach. Erst als er außer Sicht war, schloss er die Tür und ließ sich aufgewühlt auf sein Bett fallen, zu erschöpft, um eine Kerze anzuzünden.

Doch so sehr er es auch versuchte, er konnte nicht schlafen. Die Reaktionen der Ältesten waren ein Schock gewesen. All diese Geschichten, die man sich in der großen Halle über die Unsichtbaren erzählte, handelten davon, dass sie Teil der Welt der Hochländer waren. Dass ihr Erfolg von den Wurc-Urs abhing ... wenn nicht gar ihr Überleben.

Sollten es denn nur leere Worte sein? War er wirklich der Einzige, der daran glaubte, dass die Hochländer und die Unsichtbaren miteinander leben konnten? Der Einzige, der davon überzeugt war, dass die Beziehung mehr sein konnte als das Verhältnis der Mächtigen zu ihren unsichtbaren Dienern?

Im grellen Morgenlicht verließ er sein Haus und machte sich mit den anderen auf den Weg zu den Wachtürmen. So weit weg von den Bergen gab es kaum etwas zu sehen ... außer natürlich den Bergen. Als kleiner Junge hatte er ungeduldig die Jahre gezählt, bis er endlich hier stehen durfte – als Wächter über einen Berg. Inzwischen war es so weit, und er hatte die ernüchternde Erfahrung machen müssen, dass er so gut wie keinen Einfluss darauf hatte, was in den Bergen geschah. Wie sollte man auch beeinflussen können, was unsichtbar blieb?

Er zuckte die Schultern. Vielleicht hatten die Ältesten ja doch Recht. Am besten, ich mache mir keine Gedanken mehr darüber, sondern erledige einfach nur meine Arbeit.

Er nahm das Fernrohr und richtete es auf Sakas Point, seinen Berg. Bildete er es sich nur ein oder konnten es tatsächlich Edelsteine sein, die er in der Ferne funkeln und glitzern sah? Und was war das? Er sah Menschen, echte Menschen, die seinen Berg erklommen.

Und plötzlich kam ihm ein Gedanke, der so revolutionär und beängstigend war, dass er erschauderte, als er ihn sich aussprechen hörte.

»Was kann ich denn schon tun, auch wenn ich glaube, dass die Unsichtbaren wichtig für uns sind? Kann einer allein überhaupt etwas bewirken?«

»Hast du etwas gesagt?«, fragte ihn einer der Wächter und beäugte ihn misstrauisch.

Ian schüttelte den Kopf. Doch die Frage ließ ihn nicht mehr los. Hartnäckig schwirrte sie ihm im Kopf herum und verlangte nach einer Antwort, die ihm einfach nicht einfallen wollte. Doch tief in seinem Inneren spürte Ian, dass dies nur eine Frage der Zeit war.

Mit hängenden Schultern schlich Ian tief bedrückt nach Hause und sah wahrlich nicht wie der erste Seher seit Hunderten von Jahren aus. Und doch war er es.

In dieser Nacht schlief er unruhig und träumte von großen Veränderungen. Aus Lehmhütten wurden Häuser, aus Samen wurden Blumen. Immer wieder schreckte er aus seinen Träumen hoch und wälzte sich hin und her. Doch allmählich bahnte sich die Antwort ihren Weg in sein Bewusstsein. Die Antwort, die schon bald alles ändern würde – nicht nur für ihn, sondern für alle Bewohner der Insel Kopani.

Der Wandel hatte bereits begonnen.

Der Seher

Die Seher unserer Zeit

Heutige Seher blicken nicht in die Zukunft, sondern sie gestalten die Zukunft, weil sie die Gabe besitzen, *Menschen zu sehen*.

Der 2004 verstorbene Cotton Fitzsimmons, ehemaliger Trainer der US-amerikanischen Basketballmannschaft der Phoenix Suns, war jedenfalls mit dieser Gabe gesegnet. Er hegte ein echtes Interesse an seinen Spielern, und sie spürten das auch.

Wenn einer seiner Spieler finanzielle Probleme hatte oder eine Ehekrise durchmachte, vermittelte ihn Fitzsimmons an die geeignete Beratungsstelle. Wurde er um Rat gebeten, kam er dieser Bitte gerne nach, und wenn er ein Problem erkannte – auf oder auch jenseits des Basketballfeldes –, bemühte er sich um Abhilfe. Er war ein Mann mit Prinzipien und ein Vorbild, dem viele nacheiferten. In den 1960er Jahren, als Rassismus noch zum US-amerikanischen Alltag gehörte, scheute er nicht davor zurück, verbal dagegen Stellung zu beziehen, und er boykottierte sogar sein Lieblingsrestaurant, weil man sich dort geweigert hatte, die afroamerikanischen Spieler seines Teams zu bedienen.

Der ehemalige Phoenix Suns-Spieler Eddie Johnson erzählte: »Cotton war mir fast wie ein Vater. Er war nicht einfach irgendein Trainer, sondern er war der einzige Trainer, der ein wirkliches Interesse an der Person und dem Privatleben seiner Spieler hegte.«

Fitzsimmons aufrichtige Anteilnahme am Leben seiner Mitmenschen blieb nicht ohne Folgen – positive, natürlich, die nicht nur den einzelnen Spielern, sondern dem ganzen Team der Phoenix Suns zugute kamen. Bevor Fitzsimmons das Training übernahm, hatte das Team in der gerade beendeten Spielsaison 39 Spiele gewonnen. Im Jahr darauf führte Fitzsimmons sein Team zu 48 Siegen.

»Seine Begeisterung und sein Optimismus steckten uns alle an«, erzählte der ehemalige Phoenix Suns-Spieler Jeff Hornaceck. »In einem der ersten Jahre unter seiner Führung setzen er und seine Frau JoAnn sich dafür ein, dass uns unsere Ehefrauen zu den Entscheidungsspielen begleiten konnten. Es waren Kleinigkeiten wie diese, die wir so sehr an ihm schätzen. Meiner Meinung nach ist es ihm zu verdanken, dass die Phoenix Suns heute ein so gutes und beliebtes Team sind, dem sich neue Spieler gerne anschließen. Er war es, der uns aus den schlechten Jahren herausführte.«

Wie optimistisch er war, zeigte sich an den Worten, mit denen er sich kurz vor einem Spiel an ein Team wandte, das er neu übernommen hatte und das auf dem letzten Platz rangierte. In seiner kleinen Ansprache drehte sich alles darum, »sich etwas vorzustellen«.

»Jungs, denkt heute Abend nicht daran, dass wir auf dem letzten Platz stehen, sondern stellt euch vor, wir stünden auf dem ersten. Verschwendet keinen Gedanken an unsere Pechsträhne, sondern stellt euch vor, wir hätten gerade eine Glückssträhne. Vor allem aber stellt euch vor, es wäre ein Entscheidungsspiel.«

Nach diesen aufmunternden Worten stellte sich das Team der gegnerischen Mannschaft der Boston Celtics – und steckte eine klare Niederlage ein. Als sich Fitzsimmons darüber ärgerte, klopfte ihm einer seiner Spieler freundschaftlich auf die Schulter und meinte: »Kopf hoch, Trainer! Stell dir vor, wir hätten gewonnen.«

Fitzsimmons lachte herzlich über sich selbst. Seine Spieler nahm er immer ernst, sich selbst jedoch nicht. Die Fähigkeit, über sich selbst lachen zu können, war eine seiner vielen liebenswerten Eigenschaften, die andere so sehr beeindruckten.

Das bringt uns zum Schmetterlingseffekt, einem Begriff aus der Chaostheorie, der beschreibt, dass in manchen Systemen kleine Veränderungen an den Ausgangsbedingungen langfristig große, meist unvorhersehbare Wirkungen haben können. In seinem Buch *Spielt Gott Roulette?* schreibt Ian Stewart, dass der Flügelschlag eines einzigen Schmetterlings eine winzige Veränderung in der Atmosphäre erzeugt. Längerfristig gesehen weichen die in der Atmosphäre stattfindenden Vorgänge daher von dem ab, was ohne den Flügelschlag des Schmetterlings geschehen wäre. Über den Zeitraum eines Monats können sich die kleinen Abweichungen dahingehend entwickeln, dass ein Tornado, der die indonesische Küste verwüstet hätte, gar nicht erst entsteht – oder andersherum.

Stellen Sie sich vor, ein einzelner Manager – vielleicht sogar Sie – könnte etwas so Großartiges vollbringen wie bessere Zeiten für das Unternehmen einläuten. Barbara Ruddy zum Beispiel hatte das Glück, einen solchen Vorgesetzten zu bekommen.

Ruddy arbeitet schon seit 30 Jahren im Department of Economic Security des US-Bundesstaats Arizona, einer Behörde zur sozialen Absicherung von Arbeitslosen, Jugendlichen, Senioren und anderen Hilfsbedürftigen. In den ersten 15 Jahren war Anerkennung dort sehr spärlich gesät. Ihre Prämien zum fünf- und zehnjährigen Betriebsjubiläum erhielt sie per Post mit einem unpersönlichen Schreiben, und die Prämie zum 15-jährigen Betriebsjubiläum kam – man stelle sich das einmal vor – erst drei Jahre später, weil ihr Chef zu beschäftigt war, um sich mit dem dafür erforderlichen Papierkram zu befassen.

Bei ihrem 20-jährigen Betriebsjubiläum lief alles ganz anders. Ihr neuer Chef hatte sich ihre Personalakte geschnappt, alle ihre Kollegen zusammengetrommelt und ihnen aufgetragen, jede Position, die Ruddy in den vergangenen 20 Jahren besetzt hatte, aufzulisten. »Gegen Ende der Jubiläumsfeier bedankte er sich bei mir für alles, was ich je für die Abteilung geleistet hatte«, erzählte Ruddy. »Ich war so gerührt, dass mir die Tränen in die Augen schossen. Ich war vorher noch nie vor meinen Kollegen gelobt worden.«

Ruddy war von dieser einfachen Geste so gerührt, dass sie darum bat, das Anerkennungsprogramm der Abteilung leiten zu dürfen. Sie wollte den Managern beibringen, wie sie die Leistungen der Mitarbeiter auf emotional bewegende Weise anerkennen können, um dadurch die Bindung an das Unternehmen zu stärken.

Innerhalb weniger Minuten war es Ruddys Vorgesetztem gelungen, ihr völlig neue berufliche Erfahrungen zu vermitteln. Und dies wiederum hatte den Effekt, dass Ruddy die gesamte Unternehmenskultur zum Besseren veränderte. Das Schöne dabei ist, dass Ruddys Geschichte kein Einzelfall bleiben muss. Jeder Manager hat das Potenzial, etwas so Großartiges zu bewirken – er muss nur den Willen aufbringen, dieses Potenzial freizusetzen.

Das Problem ist nur, dass die meisten Manager davon überzeugt sind, schon alles richtig zu machen. Als wir mit der Arbeit zu diesem Buch begannen, warnte uns ein CEO, dass wir mit ziemlichen Schwierigkeiten rechnen müssten. »Sie müssen sich darüber klar sein«, klärte er uns auf, »dass sich jeder für einen netten, umgänglichen Menschen hält.«

In Wahrheit aber sind wirklich nette Vorgesetzte eine Seltenheit. Wer das Glück hat, einen solchen gefunden zu haben, bleibt ihm treu und strengt sich für ihn an.

Auf Sie kommt es an!

Möglicherweise ist Ihnen gar nicht bewusst, wie groß Ihr Einfluss auf Ihre Mitarbeiter ist. Wissen Sie eigentlich, dass Ihre Meinung Ihren Mitarbeitern viel wichtiger ist als die der Unternehmensleitung? In einer Umfrage des *Incentive Magazine* (eine Publikation, die sich den Themen Motivation und Leistungssteigerung in Unternehmen widmet) gaben 57 Prozent der Befragten an, dass ihnen ein Lob ihres direkten Vorgesetzten mehr bedeutet als das des CEOs, während nur 21 Prozent sich mehr über das Lob des Unternehmenschefs freuen.

Die meisten Umfragen kommen immer wieder zum selben Ergebnis: Mitarbeiter legen großen Wert auf die Meinung ihrer direkten Vorgesetzten. Sie sind es, von denen sie informiert werden möchten und denen sie hinsichtlich ihrer Arbeitsmoral, ihres Engagements und ihrer Loyalität nacheifern. Was auch immer ein Abteilungsleiter oder direkter Vorgesetzter seinen Mitarbeitern vermittelt, hat immensen Einfluss auf sie.

Vorgesetzte, die ihre Mitarbeiter schätzen und loben, bewirken positive Veränderungen. Vorgesetzte, die das nicht tun, bewirken ebenfalls Veränderungen ... aber andere!

Sie vergraulen die Mitarbeiter.

Dazu fällt uns ein passendes Beispiel ein. Vor einigen Monaten unterhielten wir uns mit Rob, einem Softwareprogrammierer bei einer kleinen Versicherungsgesellschaft, die schon bessere Zeiten erlebt hatte. Trotz einiger verlockender Angebote war Rob seiner krisengebeutelten Firma fünf Jahre lang treu geblieben. »Mein Chef ist wirklich nett, und das Arbeitsklima ist großartig«, begründete er seine Entscheidung.

Vor kurzem ließ Rob uns wissen, dass er auf Stellensuche sei. Wir wollten natürlich wissen, woher dieser plötzliche Gesinnungswandel kam. Seine Antwort bestand aus nur zwei Worten: »Mein Chef!«

Rob hatte einen neuen Vorgesetzten bekommen, und das gesamte Arbeitsklima hatte sich drastisch verschlechtert. So etwas kommt häufiger vor, als Sie vielleicht glauben.

›Liebesbeweise‹

Im US-amerikanischen Fernsehen lief samstags im Vormittagsprogramm früher die Zeichentrickserie »Wonder Twins«. Die Zwillinge, Bruder und Schwester, hatten magische Ringe, mit denen sie ihre Gestalt verändern konnten. »Magische Zwillingskräfte aktiviert! Schlangengestalt«, riefen sie beispielsweise, und machten sich auf, die Welt zu retten.

Auch Führungskräfte verfügen über die Macht, Dinge zu verändern. Nur leider setzten sie ihre Kräfte meist auf die falsche Weise ein, weil sie zu sehr darauf bedacht sind, Aufmerksamkeit und Anerkennung von ihrem direkten Vorgesetzten oder vom Topmanagement zu erheischen, und darüber völlig vergessen, ihren eigenen Mitarbeitern zuzuhören, sie wahrzunehmen und zu loben. Sie nehmen nicht an deren (Arbeits-)Leben teil. Unter solchen Bedingungen kann nichts wirklich Großartiges geschehen.

Erstaunlicherweise wird dieses Verhalten in vielen Unternehmen aktiv oder auch passiv vom Topmanagement gefördert. Ist es um das Arbeitsklima besonders schlecht bestellt, nimmt ein alteingesessener Manager vielleicht sogar einen neuen Kollegen beiseite, um klarzustellen, »was Sache ist«: Mitarbeiter sind generell arbeitsscheu und hinterlistig. Man muss als Vorgesetzter hart durchgreifen, und das Gehalt reicht als Anerkennung ja wohl völlig aus.

In den meisten Unternehmen werden Vorgesetzte jedoch viel subtiler daran gehindert, ihre Mitarbeiter anzuerkennen. Zum Beispiel dadurch, dass es weder einheitliche Maßnahmen noch offizielle Richtlinien gibt, um auf über- oder unterdurchschnittliche Leistungen der Mitarbeiter reagieren zu können. Aus diesem Grund bleiben Abteilungsleiter untätig oder fühlen sich genötigt, vor der Firmenleitung zu verbergen, dass sie die Leistungen ihrer Mitarbeiter eigentlich sehr hoch schätzen.

Vor einem Jahr befragten wir in San Francisco, New York und Atlanta Fokusgruppen, die sich aus vier Gruppen mit Abteilungsleitern und vier Gruppen mit Personalleitern zusammensetzten. Wir wollten wissen, was diese Gruppen unabhängig voneinander über inoffizielle Anerkennungsmaßnahmen zu sagen hatten.

Die Ergebnisse waren äußerst aufschlussreich. Die Personalleiter, die die offizielle Linie der Personalpolitik ihrer Unternehmen vertraten, gaben an, dass ihren Managern nur ein geringes Budget für inoffizielle oder spontane Anerkennung ihrer Mitarbeiter zur Verfügung stünde. Auf die Frage, ob ihrer Ansicht nach Manager trotzdem Geld für kleine Dankeschöns ausgäben, reagierten einige regelrecht empört. »Unsere Manager übertreten doch keine Anweisungen von oben«, echauffierte sich einer.

Aus den Gruppen der Abteilungsleiter war jedoch etwas anderes zu hören. Die meisten sagten, *natürlich* belohnten sie ihre Mitarbeiter. Anders ließe sich weder die Arbeitsmoral aufrechterhalten noch irgendein Leistungsziel erreichen. Und fast jeder gab zu, dass seine Anerkennungspraxis der Unternehmenspolitik zuwider liefe und er sehr wahrscheinlich Schwierigkeiten bekäme, wenn die Firmenleitung von den Ausgaben Wind bekäme.

Hier einige Beispiele, wofür diese Vorgesetzten heimlich Geld ausgaben:

»Ich habe mein Team gerade erst zum Go-Kart-Fahren eingeladen«, erzählte uns ein Manager aus Atlanta. »Ich weiß nicht, ob das im Sinne der Unternehmenspolitik war ... ob es angemessen war oder nicht.«

Und einer seiner Kollegen aus New York berichtete: »Ich lade mindestens einmal im Monat einen oder zwei meiner Mitarbeiter als kleines Zeichen meiner Anerkennung zum Essen ein.«

Aus derselben Gruppe gab eine Managerin mit sichtbar schlechtem Gewissen zu: »Vor zwei Wochen habe ich meine Mitarbeiter mitsamt ihren Ehepartnern zum Essen eingeladen, weil wir etwas zu feiern hatten. Ich habe die Kosten auf mein Büromaterialkonto gebucht. Womöglich werde ich deswegen gefeuert, aber das ist mir jetzt auch egal.«

Wir glauben nicht, dass es ihr wirklich egal ist, sonst hätte sie kein so schlechtes Gewissen gehabt ... und hätte nicht den Rest des Monats darauf aufpassen müssen, dass das Klopapier nicht ausgeht.

Festsetzen: In erster Linie müssen Manager ein visionäres Ziel festsetzen

Die meisten Mitarbeiter halten Absichtserklärungen und Unternehmensstrategien für hochtrabendes Geschwafel ohne jegliche Aussagekraft. Großartige Führungskräfte setzen die schönen Worte täglich in die Tat um. Auf der Grundlage der Unternehmens- oder Bereichsziele setzen sie eindeutige Prioritäten für ihre Teams. Anders ausgedrückt, sie helfen den Mitarbeitern zu verstehen, worauf es wirklich ankommt.

Sobald Mitarbeiter erst einmal verstehen, auf welche Vorgaben sie sich konzentrieren sollen, können sie diese normalerweise auch problemlos erfüllen. Im Prinzip will nämlich jeder gute Arbeit leisten und seinen Vorgesetzten zufriedenstellen. Voraussetzung dafür ist, dass jeder weiß, wie er es tun kann.

Auf die Frage, was sie an ihrer Arbeit besonders schätzen, geben zufriedene, leistungsorientierte und produktive Mitarbeiter in den meisten Fällen an, dass sie genau wissen, welche Erwartungen sie erfüllen müssen.

Im Idealfall ist sich das Topmanagement eines Unternehmens über die Notwendigkeit eindeutiger Zielsetzungen klar und geht mit verständlichen Formulierungen darauf ein.

Nehmen wir die Vision von Friendly's Ice Cream als Beispiel. Mit 500 Eiscafés im Osten der USA und zusätzlichen Einnahmen aus dem Verkauf von Eisspezialitäten an den Einzelhandel erwirtschaftet das florierende, hervorragend geführte Unternehmen einen Jahresumsatz von rund 600 Millionen US-Dollar. Die Unternehmensvision lautet:»Wir wollen uns im Osten der USA als führender Gaststättenbetrieb/führende Eisdiele und Premium-Eiskremmarke etablieren. ... Unsere Markenzeichen sind unter anderem der ausgezeichnete Betriebsablauf, großartige und Friendly's-typische Speisen, herausragende Eiskremspezialitäten, lupenreine Sauberkeit, schneller, freundlicher Service und engagierte, talentierte Mitarbeiter ... aus all diesen Gründen erfreuen wir uns einer herausragenden Kundenloyalität und einer kontinuierlichen Wachstumsrate.«

Für sich genommen sind dies erst einmal nur aneinandergereihte Worte. Doch ganz ohne direkte Anweisung von ihrem direkten Vorgesetzten setzt Managerin Beverly Gomez in ihrem Eiscafé in Hershey, US-Bundesstaat Pennsylvania, die Vision von Friendly's in die Tat um.»Wenn ich neue Mitarbeiter einstelle, erkläre ich ihnen, was ich erwarte und wofür sie zuständig sind – ich lege sozusagen die Grundregeln fest«, erklärte uns Gomez.»Wenn Sie hier arbeiten möchten, müssen Sie dieses und jenes tun. Jeder, ich eingeschlossen, packt mit an, wischt den Boden, reinigt die Toiletten. Wir arbeiten als Team, und die Spielregeln gelten für alle. Es ist wichtig, Missverständnisse über Regeln, Aufgabenbereiche und Zuständigkeiten von vornherein auszuschließen. Außerdem mache ich bereits im ersten Bewerbungsgespräch klar, dass ich großen Wert auf gegenseitigen Respekt lege. Ich respektiere meine Mitarbeiter und erwarte, dass sie sich auch gegenseitig respektieren. Allerdings erwarte ich nicht von Anfang an, dass sie mich respektieren, denn ihren Respekt muss ich mir erst verdienen«, fügte Gomez hinzu.

Gomez achtet darauf, wie sich ihre 77 Mitarbeiter bei der Arbeit verhalten, um lobenswerte Leistungen prompt anzuerkennen. »Anerkennung ist ein ausgezeichnetes Kommunikationsmittel«, findet Gomez. »Dadurch erfahren meine Mitarbeiter, was ihre Kollegen leisten und wie gute Leistungen erzielt werden. Es sagt sogar etwas darüber aus, wie es dem Unternehmen geht. Anerkennung zeigt den Mitarbeitern, dass es ihrem Arbeitgeber gut geht. Das Beste aber ist, dass ich damit vermittle, welche Leistungsstandards ich erwarte.«

Außerdem übersetzt Gomez damit ihren Leuten in Hershey, was die hochtrabende Unternehmensvision eigentlich bedeutet.

In Ihrem Unternehmen sind Sie dafür zuständig, Ihren Mitarbeitern die Unternehmensvision zu übersetzen. Das heißt, die Aussage »In strategischer Zusammenarbeit verbessern wir die Leistungsfähigkeit unserer Kunden« müssen Sie Ihren Mitarbeitern möglicherweise so übersetzen: »Unsere Unterlegscheiben sind auf ein Hundertstel Millimeter genau«; und die Aussage »Unsere Reaktionsgeschwindigkeit auf Kundenanfragen ist unübertroffen« formulieren Sie vielleicht besser so um: »Wir sind stolz darauf, eingehende Anrufe innerhalb von 30 Sekunden anzunehmen und 95 Prozent aller Fragen oder Probleme im ersten Gespräch klären zu können.«

Trevor Grams, Betriebsleiter bei EPCOR Generation in Edmonton im kanadischen Alberta, berichtete uns, dass der Schritt des Festsetzens in seinem Unternehmen in der Form eines Strategieplans schon auf der obersten Managementebene erfolgt. »Daraus erstellen wir den Strategieplan für unsere Abteilung, was ganz klare Vorgaben für die Abteilungsleiter, Manager und Gruppen zur Folge hat. ... Es ist eine Art Schablone, aus der wir für jeden Einzelnen ein individuelles Leistungsmanagementtool entwickeln.«

Jeder Mitarbeiter erhält klare Zielvorgaben, die mit den Abteilungs- und Unternehmenszielen im Einklang stehen. Anschließend, und darauf kommt es an, registrieren die Führungskräfte die *Vorgehens-*

weisen, die diesen Zielsetzungen am besten entsprechen – die Vorgehensweisen, auf die sich die Mitarbeiter konzentrieren sollen.

»Es empfiehlt sich, nur vier oder fünf Vorgehensweisen hervorzuheben, um die Mitarbeiter nicht zu verwirren und ihnen echte Erfolgserlebnisse zu ermöglichen«, so Grams.

Grams konnte immer wieder feststellen, dass mit klaren Zielsetzungen große Veränderungen bewirkt werden können. Er erzählte uns von einem Mitarbeiter der Schulungsabteilung, dessen Zielsetzung lautete, sich darüber schlau zu machen, wie sich seine Funktion auf den Rest des Unternehmens auswirkte, damit er bessere Entscheidungen treffen und das Schulungsprogramm zum Wohl des Unternehmens verbessern konnte. Grams fiel auf, dass dieser Mitarbeiter nach 20 Jahren Alltagstrott das große Ganze aus den Augen verloren hatte.

Die Zielsetzung war ja eigentlich klar, und die meisten Manager hätten es wohl dabei belassen. Grams ging jedoch einen Schritt weiter und setzte die *erwünschten Vorgehensweisen* fest, die dem Mitarbeiter beim Erreichen seines Ziels helfen sollten. Dazu gehörte zum Beispiel: »Kontaktieren Sie mindestens einmal pro Woche die Hauptentscheidungsträger der anderen Unternehmensbereiche.« Durch Grams Unterstützung bestärkt, ergriff der Mitarbeiter die Gelegenheit, sich neu zu entfalten und blühte dadurch regelrecht auf.

»Nachdem er wichtige Kontakte zu einflussreichen Entscheidungsträgern unserer anderen Unternehmensbereiche geknüpft hatte, gewann er wieder die richtige Perspektive, was sich in seinem Schulungsangebot ganz deutlich zeigte. Er ging wieder ganz auf alles ein, was aus der Sicht des Unternehmens wichtig und notwendig war«, berichtete Grams.

Eine gewaltige Verbesserung, die dem »Festsetzen« zu verdanken ist.

Festsetzen der geeigneten Ziele

Wichtig ist vor allem, dass Ihnen bei der Vermittlung der Ziele kein Übersetzungsfehler unterläuft. Vor einigen Jahren erlebte ein Freund von uns folgende Geschichte: Er saß am Flughafen von Pittsburgh, US-Bundesstaat Pennsylvania, an Bord eines Flugzeugs, das eigentlich gleich starten sollte. Auf dem Weg zur Startbahn ertönte die Ansage aus dem Cockpit, dass aufgrund sich rapide verschlechternder Wetterverhältnisse vorläufig keine Starterlaubnis erteilt wurde. Nach zwei Stunden, die er brav auf dem unbequemen, engen Sitz ausgeharrt hatte, hielt unser Freund es nicht mehr aus und rief per Knopfdruck nach einer Flugbegleiterin. Vermutlich sprach er aus, was sich alle Passagiere wünschten: »Können wir nicht wieder in die Wartehalle zurück und dort darauf warten, bis wir Starterlaubnis erhalten?«

Die Flugbegleiterin erklärte, das sei leider nicht möglich, da die Maschine dann ihren momentanen Platz in der Warteschlange verlieren würde. Außerdem rechne sie damit, dass das Startverbot bestimmt in den nächsten Minuten aufgehoben werden würde.

Es dauerte noch geschlagene drei Stunden, bis die Passagiere dann doch in die Wartehalle zurück durften und unser Freund – ein wahrer Schrank von einem Mann, der in der Football-Mannschaft der Universität von Pittsburgh spielte – von seinem unbequemen Sitzplatz erlöst wurde.

Nach diesem grässlichen Erlebnis bohrte er ein wenig nach und fand heraus, dass es einen ganz anderen Grund gab, weshalb die Maschine auf der Rollbahn geblieben war, anstatt die Passagiere wieder aussteigen zu lassen. Ein wichtiges Qualitätskriterium für Fluglinien war damals die Einhaltung der planmäßigen Abflugzeit, die sich jedoch nicht darauf bezog, wann das Flugzeug tatsächlich vom Boden abhob, sondern darauf, wann es vom Flugsteig abdockte. Für die Fluglinie, mit der unser Freund geflogen ist, hatte die Einhaltung der Abflugzeit offensichtlich höhere Priorität als die Kundenzufriedenheit.

Ob die Fluglinie auf diesem Kurs wohl ihrem finanziellen Absturz entgegengeflogen ist?

Ein Unternehmen ohne klar definierte Ziele oder – noch schlimmer – mit falsch definierten Zielen wird niemals das Beste aus seinen Mitarbeitern herauskitzeln können. Führungskräfte aber, die auf allen Managementebenen eindeutige strategische Zielsetzungen kommunizieren, können für ihr Unternehmen alles erreichen.

Für diese Menschen hat der Erfolg keine Grenzen.

Sehen: Großartige Manager sind aufmerksame Beobachter

Paul Smucker, ehemaliger CEO von J. M. Smucker and Company, hat einmal gesagt: »Hören Sie immer aufmerksam zu, glauben Sie an das Gute in jedem Menschen, nehmen Sie die Dinge nicht zu ernst und bedanken Sie sich für gute Arbeit.«
Ganz genau! Smucker spricht uns aus der Seele. Kluge und kompetente Manager mit Berufserfahrung und Referenzen gibt es reichlich. Großartige Manager, die sich die Zeit nehmen, ihren Mitarbeitern zuzuhören und aufmerksam darauf achten, was geleistet wird, sind jedoch Mangelware.

Einer unserer Lieblingsmanager ist Quint Studer. Er kam 1996 nach Florida und trat seine Position als Leiter des für knapp 500 Patienten ausgelegten Baptist Hospitals an. Von Anfang an verzichtete er auf sein Privileg, auf dem für ihn reservierten Parkplatz gleich neben dem Eingang des Krankenhauses zu parken, sondern stellte sein Auto lieber auf dem davon am weitesten entfernten Parkplatz ab. Den langen Weg zum Eingang nutzte er, um sich mit seinen Mitarbeitern zu unterhalten. Auch im Krankenhaus machte er täglich die Runde, um mit den Mitarbeitern zu sprechen. »Hallo, ich bin Quint Studer«, stellte er sich vor. »Ich bin der neue Chef, und ich arbeite für Sie. Was kann ich heute für Sie tun?«

Studer erzählte uns, dass er anfangs ziemlich erstaunte Blicke erntete und vermutete, so mancher seiner Mitarbeiter hätte ihn am liebsten gefragt, ob er vielleicht irgendwelche Drogen nahm.

Es dauerte jedoch nicht lange, bis ihm die ersten Vorschläge unterbreitet wurden. Eine Krankenschwester bat ihn: »Wenn heute Abend mein Dienst zu Ende ist, ist es schon dunkel, und die Gegend hier ist nicht gerade die sicherste. Ich habe neben den Büschen geparkt, die schon seit Monaten nicht mehr gestutzt wurden. Ich habe Angst, dass mir dort jemand auflauern könnte. Könnten Sie sich darum kümmern, dass diese Büsche gestutzt werden?«

Während der 12-Stunden-Schicht der Krankenschwester veranlasste Studer, dass die Büsche gestutzt wurden, und ließ sogar einen kleinen Zaun als Abgrenzung zum Parkplatz errichten. Als die Krankenschwester abends ihr Auto aufschloss, stellte sie fest, dass Studer ihr tatsächlich zugehört hatte. Sie fühlte sich sicher und freute sich, dass ihr oberster Chef sich für sie persönlich eingesetzt hatte.

Unter seiner Leitung stellten sich aufgrund seiner besonderen Bemühungen um die Zufriedenheit seiner Mitarbeiter weitere bemerkenswerte Erfolge ein. Die Zufriedenheit der Patienten, die vor seiner Zeit zwischen neun und 40 Prozent schwankte, erreichte einen landesweiten Höchstwert von 99 Prozent. Die Personalfluktuation sank um 18 Prozent, und die Unternehmensbilanzen zeigten grundsolide Ergebnisse. Die Ratingagentur Moody's wertete sogar das Bond-Rating (Bewertung von Anleihen und Schuldverschreibungen) des Baptist Hospitals auf, das übrigens auch einen festen Platz in der *Fortune*-Liste der 100 besten Arbeitgeber hat.

Die Erkenntnisse, die Führungspersönlichkeiten wie Studer über ihre Mitarbeiter gewinnen (ihre Ängste, Stärken, Schwächen, Wünsche und Bedürfnisse), ermöglichen es ihnen, sie gezielt zu motivieren und ihre Anstrengungen strategisch klug zu lenken. Daher trifft es meist in der Tat zu, dass hinter jedem großartigen Mitarbeiter ein hervorragender Vorgesetzter steht.

Kürzlich haben wir einen Mitarbeiter aus dem Kundendienst eines großen Konzerns getroffen. Seine Vorgesetzte befand sich für fünf Monate im Mutterschaftsurlaub, weshalb er freiwillig in Doppelschicht arbeitete, da er zusätzlich zu seinen Aufgaben auch viele Arbeiten seiner Chefin übernommen hatte. Da er wusste, dass sein Einsatz nicht unbemerkt bleiben würde, war dies für ihn eigentlich eine Selbstverständlichkeit.

Er hatte sich nicht geirrt. Als Dank für seine außergewöhnlichen Leistungen wurde er in einer öffentlichen Veranstaltung mit der höchsten Auszeichnung geehrt, die seine Firma zu vergeben hatte. Diese ist fester Bestandteil eines Anerkennungsprogramms, das sich auch höchst positiv auf die Kundenzufriedenheit auswirkte.

Auf unsere Frage, was ihn zu seiner großartigen Leistung veranlasst hatte, zuckte er nur die Schultern und meinte bescheiden: »Sie sparen hier wirklich nicht mit Lob und Anerkennung, wenn man sich besondere Mühe gibt.« Als alte Schlaumeier bohrten wir natürlich nach, ob er sich denn ebenso viel Mühe gemacht hätte, wenn in der Firma mit Lob geknausert würde.

Wieder zuckte er nur die Schultern und bat uns höflich darum, zur nächsten Frage überzugehen.

Begeben wir uns nach Detroit, US-Bundesstaat Michigan. Dort arbeitet Cynthia Parrish als Krankenschwester im Mount Clemens General Hospital, in dem menschliche Anteilnahme als Grundprinzip hochgehalten wird. Für ihre besonderen Leistungen in der Krankenpflege, die von ihrer aufrichtigen Anteilnahme am Schicksal der Patienten zeugten, wurde sie mit dem »Strength of Purpose Award« (Auszeichnung für außergewöhnliche Einsatzbereitschaft am Arbeitsplatz) des Krankenhauses ausgezeichnet. Seit der Einführung des Anerkennungsprogramms ist die Mitarbeiterfluktuation um die Hälfte gesunken, und anders als viele Krankenhäuser der Region muss sich das Mount Clemens General Hospital über die Bettenbelegung keine Sorgen mehr machen.

Krankenhäuser verlangen ihren Mitarbeitern mit Sicherheit viel ab. Werden in einem Krankenhaus Fehler gemacht, riskiert man damit nicht nur finanzielle Verluste oder verpasste Geschäftschancen – Fehler können Leben kosten. Erinnern wir uns an den Versuch aus dem Jahr 1925, bei dem untersucht wurde, was Lob, Kritik oder Nichtbeachtung bei den Schülern bewirkte. Ganz gleich, wo man arbeitet – im Krankenhaus, in der Fabrik, in einem U-Boot oder am schwierigsten, gefährlichsten Arbeitsplatz, den man sich vorstellen kann –, die Wahrscheinlichkeit steigt, dass Mitarbeiter die richtigen Entscheidungen treffen, wenn ihre Leistungen von ihren Vorgesetzten wahrgenommen und anerkannt werden.

Lassen Sie sich blicken

Ein erster wichtiger Schritt in Richtung Mitarbeiteranerkennung ist, dass Sie sich aus Ihrem Büro hinausbemühen und mit Ihren Mitarbeitern sprechen. Täglich.

In einer Werbeanzeige für SteelCase-Büromöbel wird gefragt: »Interne Mail, E-Mail, Voice-Mail ... gibt's denn überhaupt noch persönliche Gespräche?«

Gute Frage. Eine, die sich viele Mitarbeiter auch stellen.

Es mag sich lächerlich anhören, doch die erste Beschwerde, die wir von Mitarbeitern über ihre Vorgesetzten zu hören bekommen, lautet häufig, dass ihre Chefs sie noch nicht einmal grüßen. Zu grüßen und den persönlichen Kontakt zu suchen, ist eine völlig banale Sache, die aber eine Grundvoraussetzung darstellt, um jemals auf eine motivierte und engagierte Belegschaft hoffen zu können. Und eins ist sicher: Dazu müssen Sie aus Ihrem Büro heraus. Wussten Sie, warum die meisten Vorgesetzten eine Brille brauchen? Damit sie ihre Mitarbeiter auch von der Vorstandsetage aus noch erkennen können. Wenn Sie näher ran gehen, brauchen Sie keine Brille, um zu erkennen, mit welchen Problemen Ihre Mitarbeiter zu kämpfen haben, was sie bewegt und was sie leisten.

Gordon Moore, Chairman von Intel, verfolgt einen ganz eigenen Ansatz, um persönliche Gespräche zu ermöglichen. Im Prinzip hat er sogar neue Standards geschaffen. Wie alle Mitarbeiter bei Intel arbeitet auch er in einem von Stellwänden abgetrennten Arbeitsbereich, der offen zugänglich ist. Noch ungewöhnlicher für ein so hohes Tier wie ihn ist, dass seine Tür – im übertragenen Sinn, denn es gibt ja gar keine – jedem Mitarbeiter offen steht, wenn Moore sich an seinem Arbeitsplatz aufhält.

Bei Intel sucht man vergeblich nach schicken Eckbüros, Chefs, die ihren Mitarbeitern in Ehrfurcht gebietenden Ledersesseln gegenübersitzen oder Kommunikationsstaus. So etwas gibt es hier nicht.

Es sieht so aus, als brächen für die Führungsetagen andere Zeiten an. Die meisten Führungskräfte sehen das ähnlich. Wenn wir Managern und Vorgesetzten raten, sich häufiger blicken zu lassen, stimmen uns die meisten vorbehaltlos zu. Allerdings verteidigte sich auch einmal ein Manager, der sich lieber in seinem Büro verschanzte, mit den Worten: »Wenn ich jetzt plötzlich überall auftauche, glauben meine Mitarbeiter womöglich, ich würde irgendwas im Schilde führen.«

Das erinnerte uns an einen Manager, der unseren Rat befolgte und damit alles nur noch schlimmer machte. Er verbrachte zwar mehr Zeit mit seinem Team, nutzte sie aber hauptsächlich, um mehr Kritik zu üben und sich an unwesentlichen Details festzubeißen. Hinter seinem Rücken beschwerten sich seine Mitarbeiter über seine neue Unart, unvermittelt hereinzuschneien, auf jedem herumzuhacken und dann wieder zu verschwinden. Sie verpassten ihm den Spitznamen »die Krähe«.

Wir können Ihnen trotzdem nur empfehlen, täglich mindestens 30 Minuten bei Ihren Mitarbeitern zu verbringen. Nutzen Sie diese Zeit ausschließlich dazu, um Fragen zu stellen und zuzuhören. Als Führungskräfte verbringen wir doch sowieso schon unverhältnismäßig viel Zeit damit, Anweisungen zu erteilen. Das Zuhören gerät dabei ins Hintertreffen.

Zeigen Sie nicht nur Interesse an den kurz- und langfristigen Arbeitsprojekten, sondern gewöhnen Sie sich an, sich auch nach den Hobbys und dem Privatleben Ihrer Mitarbeiter zu erkundigen. Sprechen Sie Ihren Mitarbeiter auf das Modellauto in seinem Regal oder auf die Familienfotos auf dem Schreibtisch an. Äußern Sie sich über den Nachdruck des Monet-Gemäldes, der an der Wand hängt, oder fragen Sie nach, warum er ein Poster des legendären Karatekämpfers Bruce Lee aufgehängt hat. Erkundigen Sie sich nach dem Lieblingsrestaurant, dem schönsten Urlaubserlebnis oder dem nächsten Reiseziel.

Ist es dann an der Zeit, dass Sie einen bestimmten Mitarbeiter für seine Leistungen belohnen möchten, sind Sie sicherlich froh zu wissen, dass er unheimlich gerne Schokolade nascht oder Höhenangst hat. Der Gutschein für den Flug im Heißluftballon wäre dann wohl eher eine Strafe.

Notieren Sie sich, was Sie über das Privat- und Berufsleben Ihrer Mitarbeiter in Erfahrung bringen. Sie denken vielleicht, Sie könnten es sich bestimmt merken, aber glauben Sie uns, Sie werden es bald wieder vergessen haben. Manche Manager haben immer einen kleinen Notizblock dabei oder tragen die Informationen in ihren PDA ein. Andere reservieren sich nach ihrem täglichen Rundgang noch einige Minuten, um die neuesten Informationen in den Computer einzugeben.

Es mag banal klingen, wird Sie als Führungskraft aber zu etwas Besonderem machen. Es gibt sowieso nicht viele Vorgesetzte, die wirklich zuhören können. Noch weniger machen sich die Mühe, das, was sie erfahren haben, aufzuschreiben und diese Informationen zu nutzen. Thoreau mag vielen Mitarbeitern aus der Seele gesprochen haben, als er sagte: »Das größte Kompliment, das mir jemals zuteil wurde, war, als ich um meine Meinung gebeten wurde und man meine Antwort anschließend beherzigte.«

Wir wollen absolut ehrlich zu Ihnen sein, daher müssen wir Sie warnen: Ihre Mitarbeiter kennen zu lernen und ihnen gebührende Anerkennung zu erweisen, ist ein Prozess, der anfangs als sehr gewöhnungsbedürftig empfunden werden kann. Sie werden es vielleicht nicht auf Anhieb schaffen, aber geben Sie nicht auf. Laufen, Skifahren und Autofahren mussten Sie auch erst einmal lernen. Und das haben Sie nicht nur geschafft, sondern werden immer besser, je häufiger Sie üben. Stellen Sie sich einmal vor, Sie hätten damals in der

Fahrschule nach dem ersten Misserfolg das Handtuch geworfen. Wie wäre es um Ihren Ruf als kompetente Respektsperson bestellt, wenn Sie Ihr 18-jähriger Sohn jeden Morgen zur Arbeit fahren und wieder abholen müsste? Denken Sie daran: Ohne Fleiß kein Preis. Wir versprechen Ihnen, dass sich die Mühe lohnt. Klare Ziele festzusetzen und Mitarbeiterleistungen zu sehen, ebnen den Weg für den nächsten Schritt, mit dem Sie ein Arbeitsumfeld schaffen, in dem jeder gerne arbeitet. Und der nächste Schritt heißt: *Feiern!*
Und wer feiert schon nicht gerne?

Als Belohung ist Geld denkbar schlecht geeignet

Geld allein macht nicht glücklich, heißt es. Allerdings ist uns noch nie ein stolzer Besitzer einer Luxusjacht unter die Augen gekommen, der einen besonders traurigen Eindruck machte. Im Gegenteil, Menschen ohne Geldsorgen scheinen immer ziemlich gute Laune zu haben.

In Sachen Motivation hat sich Geld jedoch noch nie als zuverlässiger Garant für Mitarbeitertreue erwiesen. Seit aber Unternehmen finanzielle Anreize bieten, um Mitarbeiter zu besseren Leistungen anzuspornen, ziehen Mitarbeiter Geld jeder anderen Belohnung vor. Und Manager lassen sich darauf ein.

»Ich hätte lieber das Geld in der Tasche«, sagt Ihnen Ihr Mitarbeiter.

»Eigentlich wollte ich Sie mit Kinogutscheinen belohnen«, entgegnen Sie.

»Nein danke, ich will lieber das Geld.«

In diesem Fall hören Sie ausnahmsweise bitte nicht darauf, was Ihr Mitarbeiter möchte.

Warum? Nun, zuerst einmal hat eine finanzielle Belohnung, sofern es sich nicht um eine wirklich erkleckliche Summe handelt, weniger Erinnerungswert als eine Wochenendreise oder ein greifbares, sichtbares Geschenk. Eine Umfrage von Wirthlin Wordwide erbrachte, dass von 1 010 Belohnungsempfängern 29 Prozent der Mitarbeiter, die eine finanzielle Belohnung erhielten, mit dem Geld Rechnungen bezahlten. 18 Prozent konnten sich nicht daran erinnern, wofür sie das Geld ausgegeben hatten, und 11 Prozent hatten sich mit dem Geld Haushaltsgeräte gekauft. Die Stromrechnung bezahlt zu haben, hat tatsächlich geringen Erinnerungswert, nicht wahr?

Ein weiteres Problem ist, dass finanzielle Belohnungen Ansprüche entstehen lassen oder doch zumindest Hoffnungen wecken. Schneller als Ihnen lieb ist, betrachtet Ihr Mitarbeiter die Prämie als Teil seines Gehalts. Belohnen Sie einen Mitarbeiter heute mit 150 Euro extra, erwartet er nächstes Jahr doch mindestens den gleichen Betrag.

Des Weiteren wird ein Sachgeschenk im Vergleich zu einem Geldgeschenk emotional als wertvoller empfunden. Stellen Sie sich zum Beispiel vor, Weihnachten steht vor der Tür, und Sie können pro Mitarbeiter 20 Euro für ein Geschenk ausgeben. Klar können Sie den Betrag mit dem nächsten Gehalt überweisen, doch nach Abzug der Steuern bleiben von den 20 nur noch 12 Euro übrig. Dafür wird sich im Januar wohl kaum einer Ihrer Mitarbeiter großartig bedanken. Wahrscheinlich denkt sich jeder: »Na toll, das ganze Jahr über habe ich für meinen Chef geackert wie verrückt, und das ist ihm ganze 15 Dollar wert!«

Stellen wir uns nun vor, Sie würden das eh nicht gerade üppige Budget von 20 Euro pro Nase dafür verwenden, jedem Mitarbeiter einen Präsentkorb zu schicken. Jedem Präsentkorb liegt außerdem eine von Ihnen handschriftlich verfasste Weihnachtskarte bei, in der Sie sich bei jedem Mitarbeiter individuell bedanken. Sicherlich würde sich jeder über Ihre Aufmerksamkeit freuen und sich noch lange daran erinnern.

Belohnen Sie Ihre Mitarbeiter also lieber nicht mit Geld, sondern mit Geschenken, an denen sie lange Freude haben, die sie stolz herumzeigen oder anziehen können, oder an denen sie ihre Familie oder Freunde teilhaben lassen können. Eine schöne Belohnung weckt immer wieder die Erinnerung daran, wie sie verdient wurde, von wem man sie erhalten hat und welches Geschäftsziel erreicht wurde.

Diese Erinnerung ist beständiger als Geld.

Feiern – aber richtig

Neue Mitarbeiter willkommen heißen und die Beziehung zu eingesessenen Mitarbeitern neu beleben

Wir werden oft gefragt, worin die Kunst der Motivation besteht. Unsere (nur halb scherzhafte) Antwort darauf lautet: Die Kunst besteht vor allem darin, sie nicht abzutöten.

Im Allgemeinen ist fast jeder Mitarbeiter beim Antritt einer neuen Stelle hoch motiviert, gute Arbeit zu leisten und erfolgreich zu sein. Wie war es denn bei Ihnen? Sind Sie schon einmal an einem neuen Arbeitsplatz angetreten und haben nur daran gedacht, wie schrecklich alles ist, wie Sie sich möglichst schnell aus der Verantwortung stehlen und eine ruhige Kugel schieben können? Natürlich nicht. Fast jeder neue Mitarbeiter ist voller Tatendrang und hofft, (endlich) eine Stelle gefunden zu haben, die seine Erwartungen erfüllt.

Doch die ersten drei Monate sind kritisch. Erfüllt der neue Arbeitsplatz nicht die persönlichen Erwartungen eines Mitarbeiters, lässt die Arbeitsmoral drastisch nach. Und ist es erst einmal so weit gekommen, steht der ursprünglich hohen Motivation meist ein langsames und schmerzhaftes Ende bevor.

Das muss nicht sein. Gute Manager wissen, dass es viel einfacher ist, die Motivation ihrer Mitarbeiter aufrechtzuerhalten und darauf aufzubauen, anstatt sie absterben zu lassen und mühsame Wiederbelebungsversuche anzustellen. Daher finden gute Manager frühzeitig heraus, was jeden Einzelnen ihrer Mitarbeiter motiviert, und lassen ihm die Anerkennung zu teilwerden, nach der er sich sehnt.

Um herauszufinden, was einen Mitarbeiter motiviert, gibt es eine ganz simple Möglichkeit: Man fragt ihn einfach. (Welch revolutionäre Idee!) Am besten vereinbaren Sie mit einem neuen Mitarbeiter gleich in den ersten Tagen ein Treffen in Ihrem Büro, um ihn genau das zu fragen. Besprechen Sie keine anderen Themen, nur weil er gerade da ist. Erzählen Sie ihm jetzt nicht, was Sie von ihm erwarten, und legen Sie ihm keine Papiere vor, die er noch unterschreiben muss.

Als geeignete Einleitung für dieses Gespräch könnten Sie zum Beispiel sagen: »Sie werden in unserem Team ganz bestimmt ausgezeichnete Arbeit leisten, und dafür möchte ich mich bei Ihnen in geeigneter Weise bedanken können. Manche meiner Mitarbeiter freuen sich, wenn sie vor versammelter Mannschaft gelobt werden, andere dagegen möchten kein großes Aufsehen erregen und ziehen es vor, wenn ich mich unter vier Augen bei ihnen bedanke. Wenn es so weit ist, dass Sie für Ihre Leistungen ausgezeichnet werden sollen, möchte ich dabei natürlich auf Ihre persönlichen Wünsche eingehen können.«

Stellen Sie anschließend folgende Fragen:
1. Wie lassen Sie sich am liebsten feiern?
   - Im kleinen, privaten Rahmen: Am liebsten ist mir ein aufrichtiges Dankeschön und vielleicht eine Einladung zum Mittagessen, ohne dass sämtliche Kollegen davon erfahren.
   - Zwanglos: Ich würde mich freuen, wenn mein Vorgesetzter mich bei einem Mitarbeitertreffen vor den Kollegen lobt.
   - Offiziell: Mir ist es am liebsten, wenn ich bei einer großen Feier mit Kollegen und Gästen ausgezeichnet werde.
2. Über welches Geschenk würden Sie sich freuen?
   - Über ein schönes Abendessen für zwei Personen.
   - Über eine Schulung oder ein Seminar.
   - Über einen Wellness-Gutschein.
   - Über eine Musik-CD.
   - Über ein Buch von meinem Lieblingsautor.
   - Über Eintrittskarten zu einer Sportveranstaltung.
   - Über Eintrittskarten fürs Theater, Ballett oder für ein Konzert.
   - Über die Möglichkeit, an einem prestigeträchtigen Projekt mitzuarbeiten.
   - Über freie Tage.
   - Sonstiges ...

3. Von wem würden Sie Ihre Auszeichnung am liebsten überreicht bekommen?
   - Von Ihrem Vorgesetzten.
   - Von dem- oder derjenigen, die Sie für die Auszeichnung vorgeschlagen hat.
   - Von einem Mitglied der Unternehmensleitung.
4. Über welche spontane Art der Anerkennung freuen Sie sich im Arbeitsalltag?
   - Über eine handgeschriebene Dankeskarte.
   - Über ein Dankschreiben, das Ihrer Personalakte beigeheftet wird.
   - Über eine Urkunde.
   - Über einen Pokal, in den Ihr Name eingraviert ist oder Ähnliches.
5. Dürfen wir in unserer Firmenzeitung von Ihren Leistungen schreiben?
6. Beschreiben Sie, wie oder wo Sie einen freien Tag am liebsten verbringen würden.

Dieser Fragenkatalog ist natürlich nur ein Anfang. Wenn Sie Ihre Mitarbeiter wirklich kennen lernen möchten, müssen Sie täglich etwas dafür tun. Mit den oben aufgeführten Fragen machen Sie aber immerhin schon einmal einen guten Eindruck bei Ihrem neuen Mitarbeiter, denn Sie zeigen ihm dadurch, dass Sie von seinem Potenzial überzeugt sind. Seine Antworten gestatten Ihnen zudem, ihn schon in den ersten Wochen seiner Betriebszugehörigkeit seinen Wünschen entsprechend anzuerkennen.

Dieser Fragenkatalog ist übrigens auch ein guter Ansatzpunkt, um die Beziehung zu Mitarbeitern, deren Motivation bereits schwächelt, neu zu beleben.

Denken Sie immer daran: Im Zweifelsfall *fragen* Sie Ihre Mitarbeiter einfach. Sie werden Sie wohl kaum beißen.

Kapitel 4
Anerkennung

Ian setzte seinen Plan in die Tat um. Es hatte ganz schön lange gedauert, bis er ihn ausgearbeitet hatte – und noch viel länger, bis er den Mut fand, ihn zu verwirklichen. Im Zwielicht vor Anbruch der Morgendämmerung wuchtete er den Korb mit Obst und Getreide auf die Opferstätte und setzte ihn mit einem lauten Plumps ab. Ian rieb seine schmerzende Schulter. Es war bereits das zweite Mal, dass er eine Extraportion an Gaben in die Berge geschleppt hatte.

Seiner Überzeugung nach waren mehr Obst und Gemüse genau das, was die Arbeiter brauchten, doch das Ergebnis seiner Mühe war enttäuschend. Der Korb war zwar immer leer gewesen, was bedeutete, dass sein Angebot gerne angenommen wurde, doch mehr Edelsteine wurden deshalb nicht abgeliefert.

Er kniete sich hin und befühlte die Edelsteinsplitter am Boden der Truhe. Die Qualität der Arbeit hatte sich also auch nicht verbessert. Er wollte die Truhe gerade wieder schließen, als ihn ein Geistesblitz durchfuhr. Was wäre wenn ...?

Genau, weshalb eigentlich nicht?, fragte er sich, als er in seiner Tasche nach einem Stück Pergament wühlte. Sorgfältig schrieb er in seiner schönsten Schrift:

»Vielen Dank für die gute Arbeit. Toll gemacht!«

Auf den Fersen wippend, grübelte er über seine unaufrichtigen Worte nach. Dann zerknüllte er sein Schreiben. Er griff nach einem weiteren Bogen und versuchte es noch einmal:

»Heute lagen 40 unbeschädigte Edelsteine in der Truhe, die von unbeschreiblich guter Qualität sind. Mir ist klar, dass ihr die Juwelen wie rohe Eier behandelt habt. Vielen Dank für eure Mühe!«

Er legte das Schreiben oben auf die Edelsteine und schloss die Truhe wieder.

Nun blieb ihm nur eines: Abwarten.

Der unsichtbare Mitarbeiter. Adrian Gostick und Chester Elton
Copyright © 2007 WILEY-VCH Verlag GmbH & Co. KGaA, Weinheim
ISBN: 978-3-527-50284-4

Eine Woche verging, bis er sich wieder zur Opferstätte aufmachen konnte. Die Nervosität, mit der er die Truhe öffnete, überraschte ihn selbst. Sein Schreiben war weg, stattdessen sah er nur Edelsteine. Einige waren zersplittert, aber die meisten waren unversehrt. Aha, dachte er lächelnd, die ersten Verbesserungen stellen sich ein. Auch in zwei weiteren Truhen fand er Edelsteine von ähnlich hoher Qualität. Er sah sich suchend um. Versteckten sich die Unsichtbaren hier irgendwo und beobachteten ihn gerade?

Dieses Mal schrieb er:

»Diese Woche habt ihr bessere Arbeit geleistet als sonst. Es waren wesentlich weniger Edelsteine zerbrochen als je zuvor. Euer Einsatz ist mir nicht entgangen. Vielen Dank, dass ihr euch so viel Mühe gegeben habt.«

Auf dem Rückweg wäre er am liebsten vor lauter Freude in die Luft gesprungen. Nur der Gedanke daran, dass die Unsichtbaren ihn beobachten könnten, hielt ihn davon ab. Würdevoll schritt er nach Hause und ließ seiner Begeisterung erst freien Lauf, als er die Tür hinter sich geschlossen hatte.

Es hatte funktioniert! Voller Freude klatschte er in die Hände und gestattete sich einige Augenblicke des Triumphs, bevor er sich wieder ernsthaft der Frage widmete, wie es nun weitergehen sollte. Die Antwort lag auf der Hand.

Theoretisch war völlig klar, was zu tun war. Das Problem war nur, es auch praktisch umzusetzen. Das stellte Ian schon eine Stunde nach seinem Aufbruch in die Berge fest. Obwohl er sich noch vor Sonnenaufgang auf den Weg gemacht hatte, rann ihm der Schweiß in Strömen von der Stirn. Er war völlig außer Atem, weil die Luft in dieser Höhe so dünn war.

»Sieh es ein, Ian, du hast überhaupt keine Kondition«, beschimpfte er sich selbst. »Du fühlst dich miserabel, weil du die Anstrengung nicht gewohnt bist.«

Er hatte sich den Aufstieg bei weitem nicht so schwierig vorgestellt. Er hatte sogar einen Rucksack mitgenommen, weil er davon ausgegangen war, selbst Edelsteine auflesen zu können, aber bis jetzt hatte er noch keinen einzigen gesehen. Vermutlich war er noch nicht weit genug aufgestiegen. Oder sie waren doch nicht so einfach zu finden, wie er dachte. Doch mittlerweile bezweifelte er sowieso, dass er noch die Kraft aufbringen würde, einen schweren Rucksack ins Tal zu schleppen, sollte er tatsächlich noch Edelsteine finden.

Noch weit von seinem eigentlichen Ziel entfernt, verließen Ian bei einem großen Findling die Kräfte. Er verließ den Pfad, um sich im Schatten des Felsen auszuruhen und sich ein wenig umzusehen.

Nur kurze Zeit später hörte er von oben Schritte in seine Richtung kommen. Es war dieselbe Frau, die er an jenem Abend gesehen hatte, als der junge Mann verschwunden war. Sie schleppte sich mit mehreren randvoll gefüllten Säcken ab.

Ian lächelte. Doch als die junge Frau näher herangekommen war, konnte er erkennen, dass sie wütend und frustriert aussah. Sie murmelte vor sich hin, als sie ihre Säcke oben am Felsen absetzte.

»Toll gemacht, Star! Noch ein Sack voller Steine. Ich weiß echt nicht, weshalb ich das überhaupt mache. Das hat doch überhaupt keinen Sinn! Alleine schaffe ich das nie.«

Sie kickte einen Stein ins Tal hinunter.

Mit einem Mal spürte Ian, wie sich die feinen Härchen in seinem Nacken aufstellten. Eine seltsame Spannung ließ die Luft knistern. Die Frau richtete sich kerzengerade auf und rieb sich die Arme. Ian bemerkte ihre blasse, fast durchsichtige Haut und hatte das Gefühl, als würde sie vor seinen Augen verblassen. Plötzlich erinnerte er sich an den blonden Mann, der sich mit einem Plopp in Luft aufgelöst hatte. Sollte genau das jetzt auch mit der jungen Frau geschehen?

»Warte«, schrie Ian. Und ohne nachzudenken, trat er hinter dem Fels hervor.

Die junge Frau erstarrte vor Schreck und blickte ihn ungläubig an. Doch sie verschwand nicht.

Auch Ian blieb wie festgewurzelt stehen. Zu seinem Entsetzen stellte er fest, dass er keine Ahnung hatte, was er ihr sagen könnte.

»Du kannst mich sehen?«, rief sie entgeistert.

Ian verstand sie, obwohl sie einen merkwürdigen Akzent hatte.

»Ich kam her, um mich für die Edelsteine zu bedanken«, krächzte Ian heiser. Die Frau blickte ihn verständnislos an. Offensichtlich verstand sie ihn nicht.

»Ich habe das Schreiben in die Truhe gelegt.«

Flüchtig huschte ein Ausdruck des Verstehens über das Gesicht der Frau.

»Du ...«, setzte Ian an, doch panische Rufe, die von weiter unten zu hören waren, unterbrachen ihn.

»Star! Komm schnell! Es ist Lee!«

Ohne ein weiteres Wort rannte Star so schnell den Weg hinab, dass sie in einer Staubwolke verschwand. Ihre Säcke hatte sie zurückgelassen. Ian stand noch einen Moment bewegungslos da, dann ergriff er die Säcke und folgte ihr so schnell er konnte.

Doch sie war viel schneller als er. Obwohl er noch Stunden oben in den Bergen verbrachte, sah er sie an diesem Tag nicht mehr.

Als er in dieser Nacht am Fenster saß und in den Regen starrte, fragte er sich, ob er verhindert hatte, dass sich die junge Frau mit einem Plopp in Luft auflöste, weil er zur richtigen Zeit am richtigen Ort war. Es hatte ganz danach ausgesehen. Hatte er den Lauf der Dinge geändert, nur weil er sie wahrgenommen hatte? Eine Idee nahm Gestalt an. Eine verrückte Idee. Andererseits ...

»Kann ich die Vaporisationen stoppen, indem ich den Wurc-Urs zeige, dass ich sie sehe?«, fragte er sich laut.

Das war doch völlig unwahrscheinlich, unmöglich, verrückt ... oder?

Einige Tage später saß Ian wieder hinter dem großen Felsen und wartete. Zwei Stunden lang war nichts zu hören und zu sehen. Doch gerade als ihn die Geduld verlassen hatte, und er sich auf den Heimweg begeben wollte, hörte er Schritte, die sich ihm von unten näherten. Wieder war es die junge Frau. Sie hieß offensichtlich Star. Sie hatte also doch nicht aufgegeben, freute sich Ian. Und irgendetwas an ihr war heute anders. Sie war sichtbarer als in der Nacht, in der er sie das erste Mal gesehen hatte. Ja, ganz sicher! Nicht mehr so durchscheinend, aber auch noch nicht wirklich greifbar. Er bemerkte, dass sie nicht allein war.

»Äh, schöner Morgen, nicht wahr?«, rief Ian und trat hinter dem Felsen hervor. Es war das erste Mal seit Generationen, dass ein Hochländer Wurc-Urs mit einem Gruß bedachte, und Ian hätte sich am liebsten dafür geohrfeigt, dass ihm nichts Besseres eingefallen war.

Star nickte ihm grüßend zu. Ian bemerkte, dass sie ihn zwar nicht aus den Augen ließ, aber anscheinend keine Angst vor ihm hatte. Sie muss mit mir gerechnet haben, dachte Ian. Star schob das junge Mädchen, das sich hinter ihrem Rücken versteckt hatte, sanft nach vorne. Das Mädchen war klein, aber kräftig und hatte eine ganz durchscheinende Haut. Ian hatte den Eindruck, fast durch sie hindurch sehen zu können. Wie ein Geist, dachte er und fragte sich, ob sie sich wohl schon bald in Luft auflösen würde.

»Lee, das ist der Mann, von dem ich dir erzählt habe, der Seher.« Der Seher? Ian fiel ein, dass er völlig vergessen hatte, sich vorzustellen.

»Das ist meine Schwester Lee«, fuhr Star in ihrem breiten Akzent fort.

»Ich wollte, dass du sie siehst. Du kannst sie doch sehen, oder?«

Ian nickte. »Ja, ich sehe sie klar und deutlich. Sie ist genauso schnell wie du.«

Star lächelte. »Stimmt. Ich bin so froh, dass du sie sehen kannst.«

Ohne so recht zu wissen, warum, war Star glücklich. Ihrer Schwester war gerade etwas sehr Gutes widerfahren. Sie hatte sich große Sorgen um Lee gemacht, seit die Wurc-Urs festgestellt hatten, dass sie von Tag zu Tag durchsichtiger wurde.

»Klettert ihr jeden Tag auf den Berg?«, wollte Ian wissen.

»Ja, mehrmals sogar. Inzwischen sind nur noch wenige von uns übrig geblieben. Und so weit nach oben schafft es kaum einer.«

Star und Lee führten Ian den Pfad hinauf, wobei sie aus Rücksicht auf ihn ein langsameres Tempo einschlugen. Star erklärte ihm, auf welcher Höhe welche Edelsteine zu finden waren, und mit ihrer Hilfe fand er sogar seinen ersten Saphir, der in den Sack mit den anderen Edelsteinen wanderte. Besorgt berichtete ihm Star auch über die Vaporisationen, die eine große Bedrohung darstellten. An einer scharfen Kehre des Pfades, an der es steil nach unten ging, blieb Star plötzlich stehen.

»Hier haben wir die vollen Säcke immer hinunter geworfen«, erklärte sie reumütig. »Aber in letzter Zeit nicht mehr so oft.«

Ian sagte kaum etwas. Er beschränkte sich aufs Beobachten und Zuhören, und nach einigen Stunden wurde ihm klar, dass er mehr über die Berge und das Volk, das sie auf der Suche nach Edelsteinen erklomm, gelernt hatte als jeder andere Hochländer vor ihm.

Die Zeit verging wie im Flug. Als sie mit ihrer wertvollen Last auf dem Weg ins Tal waren, stand die Sonne schon tief am Horizont. Ian stellte freudig fest, dass Lee nicht mehr ganz so durchscheinend aussah. Ihre zarte Haut hatte einen rosigen Schimmer angenommen.

Es funktioniert, dachte er, als er in der Dämmerung durch die Wälder heimwärts marschierte. Kann es etwas Besseres geben?

Diese Frage beantwortete sich innerhalb kurzer Zeit von selbst. Schon am nächsten Tag erwartete ihn am Felsen eine große Überraschung. Sechs blasse Wurc-Urs waren bereits da ... und warteten – nein, waren geradezu begierig – darauf, von ihm gesehen zu werden.

Seit Wochen war Ian nicht mehr auf seinem Wachposten auf dem Turm gewesen. Er hatte mehr Zeit auf dem Berg verbracht, war braun gebrannt, und die Blasen an seinen Füßen waren schon fast verheilt. Jetzt brannte er darauf, den anderen Wächtern darüber zu berichten, was auf seinem Berg passierte. Vielleicht könnten sie ja von seinem Wissen profitieren.

Als er die Plattform erreichte, wurde er von den anderen Hochländern unfreundlich beäugt.

»Na, wen haben wir denn da?«, meinte einer. »Doch nicht etwa den König der Berge?«

Mehrere Wächter lachten höhnisch.

»Du warst ganz schön oft da oben«, sagte ein anderer. »Sammelst du die Edelsteine am Ende selbst?«

Ian setzte zu einer Antwort an, doch er kam nicht zu Wort.

»Da kommt nichts Gutes bei raus«, raunte ein anderer unheilvoll.

Nach einem Moment der Unschlüssigkeit schüttelte Ian den Kopf, packte seinen Rucksack und machte sich auf den Weg in die Berge.

Und ob da was Gutes bei rauskommt, dachte Ian. Auf seinem Berg warf niemand mehr Säcke ins Tal, weshalb in seinen Truhen kaum noch zersplitterte Edelsteine zu finden waren. Und genau das war sein oberstes Ziel gewesen. Einige der Wurc-Urs kletterten mittlerweile auch wieder höher hinauf, um Smaragde zu finden, auch wenn sie bis jetzt noch nicht fündig geworden waren.

»Ian!«, hörte er jemanden rufen. Es klang weit entfernt.

Er spähte nach oben und erblickte eine Gestalt, die aufgeregt mit den Armen ruderte. In einer Staubwolke rannte sie ihm nun entgegen und schrie dabei etwas, was Ian aber nicht verstehen konnte.

»Hoffentlich hat sich niemand verletzt«, dachte Ian und lief der unbekannten Person entgegen.

Es war Star. Ian erkannte sie an ihrer Stimme, noch bevor er sie sehen konnte.

»Ich hab's geschafft! Ich hab sie gefunden!«, schrie sie. Ian seufzte vor Erleichterung auf. Es waren keine Hilferufe, sondern Freudenschreie! »Ich hab die ersten Smaragde gefunden. Ich hab's echt geschafft!«, rief Star und öffnete ihren Sack. »Ich weiß jetzt, wo man sie findet, und ich werde den anderen Bescheid geben.« Sie hielt ihren Sack Ian hin. »Schau doch nur!«

Ian öffnete ihn und sah nur noch grün. So viele Smaragde hatte er in seinem ganzen Leben noch nicht gesehen.

»Ich wusste, dass nur du es schaffen würdest«, sagte Ian. »Das sind die ersten Smaragde seit Jahren. Das müssen wir feiern.«

Auf dem Weg zurück ins Tal sprudelten die Worte nur so aus Star heraus. Sie erzählte Ian, dass sie schon sehr früh aufgestanden war, dass sie kurz davor gewesen sei aufzugeben, dann aber doch weitergemacht hätte, es noch ein Stück weiter oben versucht hätte, und wie sie dann auf eine bislang unentdeckte Gletscherspalte gestoßen war. Ian lauschte ihrer detaillierten Schilderung nur allzu gerne.

Auf halber Strecke verließ ihn Star, um ihrer Familie von ihrem Fund zu berichten, und Ian bat einige Wurc-Urs, ihm bei der Vorbereitung für das Fest zu helfen. Dann zog er sich an ein ruhiges Plätzchen zurück, um sich die passenden Worte für seine Dankesrede zu überlegen. Er dachte daran, wie sehr Star noch immer von Jon schwärmte, dem Mann, der vor seinen Augen mit einem Plopp verschwunden war. Sie sprach oft von ihm. Ian erinnerte sich daran, wie ihm Star ihre kleine Schwester vorgestellt hatte, damit er sie auch sah. Und gerade hatte sie ihm gesagt, dass sie den anderen Wurc-Urs Bescheid geben würde. Bedeutete das vielleicht, dass sie gerne etwas mehr Verantwortung übernehmen würde?

An diesem Abend versammelten sich alle Wurc-Urs um das Lagerfeuer. Stars tolle Leistung hatte sich natürlich schon längst herumgesprochen, und es herrschte eine erwartungsvolle Stimmung. In letzter Zeit waren mehrere Feste gefeiert worden – und sie alle freuten sich darauf, wie Ian wusste.

Er stand auf und sagte: »Wie ihr alle wisst, wurde heute ein Stück Geschichte geschrieben.«

Er hielt den Sack mit den grünen Edelsteinen auf. Die Wurc-Urs applaudierten begeistert.

»Eine von uns hat etwas wirklich Außergewöhnliches erreicht. Und das zum ersten Mal seit vielen Jahren. Star, wärst du bitte so nett und kommst einmal her?«

Errötend gesellte sich Star neben ihn ans Feuer.

»Heute hat Star den ersten Sack voller Smaragde gebracht. So etwas habe ich noch nie gesehen.«

Vorsichtig leerte er den Sack aus. Die Steine funkelten wie kleine grüne Flammen. Die Wurc-Urs brachen in Freudengeschrei aus.

Ian wartete, bis sich der Begeisterungssturm gelegt hatte, und sagte dann: »Star war immer mit Jon unterwegs, bis er verschwunden ist. Er hat ihr Potenzial erkannt. Ihr erinnert euch sicher, dass Jon einer der ersten war, der vor langer Zeit einen Diamanten gefunden hat. Ich denke, er wäre heute sehr stolz auf sie.«

Star senkte ihren Kopf und Ian konnte sehen, dass sie mit den Tränen kämpfte.

»Star kennt den Weg zu den Smaragden. Ihr alle wisst, wie gut sie klettern kann. Sie ist immer vorsichtig und weiß, was sie tut. Ab heute wird sie jeden Tag eine Gruppe Wurc-Urs zu den Smaragden führen. Und ich hätte gerne, dass Lee das erste Mitglied ihres Teams wird.«

Dann nahm er einen großen sternförmigen Smaragd, befestigte ihn an einem Lederband und hängte Star die Kette um den Hals. »Sie soll dich für immer an den heutigen Tag erinnern, als du den ersten Smaragd gefunden hast.«

Einige der begeisterten Wurc-Urs tanzten einen Freudentanz. Musik erklang. Und Star vergoss Tränen der Rührung.

Anerkennung

Feste feiern

Die einfachste Lösung für Probleme mit Mitarbeitern scheint immer zu sein, ihnen mehr Geld nachzuwerfen – als ob ein höheres Gehalt schon jemals die Produktivität gesteigert, Ideen hervorgebracht oder zu engeren Kundenkontakten geführt hätte. Dem Branchenstandard angemessene Gehälter sind zwar wichtig, doch überdurchschnittliche Gehälter haben keine besseren Arbeitsleistungen zur Folge. Im realen Arbeitsalltag sind echte Lösungen deutlich weniger kostspielig: Jeder Ihrer Mitarbeiter will einfach nur gesehen, geschätzt und anerkannt werden.

»In den USA ist Anerkennung das am stärksten vernachlässigte Motivationswerkzeug«, behauptete Richard Kovacevich, Chairman und CEO von Wells Fargo. Kovacevich ist einer derjenigen, die feststellen konnten, dass es in einem Unternehmen, welches die Mitarbeiteranerkennung ernst nimmt, auf Dauer keine unsichtbaren Mitarbeiter geben kann.

In diesem Kapitel stellen wir Ihnen die Attribute vor, die Lob und Anerkennung zu höchst effektiven Motivationswerkzeugen machen: konkret, ehrlich, öffentlich, angemessen – und häufig.

Werden Sie konkret

Lob, das sich nicht auf etwas Konkretes bezieht, bewirkt auch nichts.

Wir wiederholen es lieber noch einmal: Lob, das sich nicht auf etwas Konkretes bezieht, bewirkt nichts – und das gilt für alle.

Wenn Sie schon einmal den Trainer einer Kindersportmannschaft in Aktion gesehen haben, ist Ihnen vielleicht aufgefallen, zu welchen fantastischen Leistungen er die Kleinen anspornen kann. Was ist dabei der Trick – neben der Kunst, noch lauter als zehn Kinder schreien zu können? Der Unterschied zwischen einem tollen und einem miserablen Junioren-Trainer ist nicht nur, dass der gute Trainer die Regeln kennt, sondern eine ganz besondere Beziehung zu seinen Spielern pflegt.

Wahrscheinlich haben Sie auch schon die Sorte Trainer beobachten können, die wegen jeder Kleinigkeit aus der Haut fahren. Als Konsequenz tummeln sich auf dem Spielfeld lauter verschüchterte Kinder, die ständig Angst davor haben, einen Fehler zu machen und den Zorn ihres Trainers auf sich zu ziehen. Eine solche Mannschaft wird keine Risiken eingehen. Vielleicht ist sie sogar ganz gut, zu den Besten wird sie aber wahrscheinlich nie gehören.

Und außerdem ist davon auszugehen, dass die meisten Kinder ihrem cholerischen Trainer bald den Rücken kehren werden.

Dann gibt es noch die Sorte von Trainern, die sich nicht dafür interessieren, welcher Spieler wie viele Tore schießt oder Punkte macht. Nach einem Spiel klopft so ein Coach jedem Spieler auf die Schulter und lobt: »Hast du toll gemacht.« Jeder ist einfach ganz toll, jeder wird gelobt, jeder wird motiviert.

Nein, eigentlich nicht – nur der Trainer glaubt es.

Zu guter Letzt gibt es die leider viel zu rar gesäte Sorte von Trainern, die ihren Schützlingen mithilfe von konkretem Lob zur richtigen Zeit die Grundregeln des Spiels vermittelt. »Tony, mit deinem Hechtsprung hättest du den Ball fast erwischt, ganz wie wir es besprochen haben. Das nächste Mal klappt's bestimmt! Du hast wirklich ganzen Einsatz gezeigt, das sieht man an deinem blauen Fleck.« Oder: »Brinden, du hast dich diesmal wirklich lang gemacht, um dir den Ball zu schnappen. Du siehst ja, was dir die paar Zentimeter mehr bringen! Du kannst stolz auf dich sein!«

Das ist doch viel besser als so ein allgegenwärtiges »Toll gemacht«, finden Sie nicht auch? Die Kinder finden es jedenfalls viel besser.

Und Ihre Mitarbeiter bestimmt auch.

Wenn Sie Ihre Mitarbeiter loben, tun Sie uns bitte diesen Gefallen: Unterlassen Sie banale Aussagen wie »Gute Arbeit, weiter so!« Diese Sorte Lob motiviert niemanden. Im Gegenteil, Mitarbeiter können sich dadurch sogar auf die Füße getreten fühlen, weil sie sich zu Recht fragen müssen, ob ihr Chef überhaupt eine Ahnung hat, womit sie sich genau beschäftigen.

Bei einem Vorgesetzten, der zehn Minuten aus dem Stegreif darüber reden kann, welche besonderen Leistungen ein Mitarbeiter erbracht hat, kommt der Verdacht gar nicht erst auf, er hätte keine Ahnung, was seine Leute eigentlich arbeiten. Auch der Verdacht, man wäre unsichtbar, kommt nicht auf. Schon eher kommt bei einem so gelobten Mitarbeiter der Verdacht auf, er wäre gerade um zehn Zentimeter gewachsen.

Als wir kürzlich einer Veranstaltung der drei Milliarden US-Dollar schweren Versicherungsgesellschaft Westfield Group im US-Bundesstaat Ohio beiwohnten, wurden wir Zeugen eines Paradebeispiels dafür, wie konkretes Lob für herausragende Mitarbeiterleistungen aussehen kann. Ein Mitarbeiter namens Brian wurde vor versammelter Mannschaft von seinem Vorgesetzten Bob ausgezeichnet.

Bob: »Es ist mir eine große Ehre, Brian die höchste Auszeichnung, die wir bei Westfield für großartige Leistungen zu vergeben haben, zu überreichen – die Platinmedaille. Das ist wirklich etwas ganz Besonderes. Wie viele Platinmedaillen haben wir dieses Jahr an Mitarbeiter überreicht?«

Sagt einer: »Sechs.«

Bob: »Nur sechs? Ich hoffe, Sie bleiben trotzdem auf dem Teppich, Brian! [Gelächter im Saal. Bob packt Brian freundschaftlich an den Schultern, Brian sieht Bob sichtlich berührt an.]

Bob: »Brian verdient diese Auszeichnung für etwas, das er aus eigener Initiative und in seiner Freizeit für unsere Firma geleistet hat. Vor unserer Präsentation in Florida, auf der wir unser WestComm-Produkt vorstellen wollten, besorgte sich Brian die dafür am besten geeignete Software, eignete sich in seiner Freizeit alle erforderlichen Kenntnisse an und stellte die komplette Präsentation zusammen. Einfach so, ohne dass ich ihn darum gebeten hätte. Dank Brian wurde unsere Präsentation ein überwältigender Erfolg! Die Produktpräsentation ist so hervorragend, dass wir unsere Marketingabteilung in dieser Software schulen, damit wir sie für unsere Außenwerbung einsetzen können.« [Beifall]

Brian [mit schiefem Grinsen]: »Wow. Danke.«

»Brian, Sie sind der Inbegriff des perfekten Mitarbeiters und verkörpern all die Werte, auf die es Westfield ankommt. Sie haben unser Prinzip der kontinuierlichen Weiterentwicklung in die Tat umgesetzt und dadurch beträchtlich zu einer besseren Kundenorientierung beigetragen, die unser oberstes Ziel darstellt. Vielen Dank und herzlichen Glückwunsch.«

Nicht unbedingt die längste Dankesrede, stimmt. Ob es trotzdem ein Moment höchster Anerkennung war? Darauf können Sie wetten. Und Brian hat es sicherlich ebenso empfunden.

Der Unterschied zwischen großartiger und nichtssagender Anerkennung besteht darin, dass in Ersterer konkret herausgestellt wird, welche lobenswerte, wichtige Leistung der Mitarbeiter für das Team oder das Unternehmen erbracht hat. Um konkret werden zu können, müssen Sie sich vorbereiten. Im vorherigen Kapitel haben wir bereits darauf hingewiesen, wie sinnvoll es ist, sich interessante Fakten über die Mitarbeiter aufzuschreiben. Anhand dieser Notizen können Sie sich gut auf die Lobesrede vorbereiten.

Und so geht es am einfachsten: Bevor Sie Ihren Mitarbeiter auszeichnen, nehmen Sie sich ein bisschen Zeit, um sich ungestört auf Ihre Rede vorzubereiten. Lesen Sie sich Ihre Notizen zu dem betreffenden Mitarbeiter durch, und notieren Sie sich einige Stichpunkte. Wenn Sie einigermaßen zügig vorgehen, sollte dies innerhalb von fünf bis zehn Minuten zu schaffen sein. Überlegen Sie sich einfach nur, auf welche speziellen Leistungen Ihres Mitarbeiters Sie eingehen möchten, ob Sie vielleicht einen seiner Kollegen mit einbeziehen sollten, und prüfen Sie die Informationen nach, über die Sie sich nicht ganz sicher sind.

Die paar Minuten, die Sie sich im Vorfeld für Ihre Vorbereitung reservieren, zahlen sich in dem Moment aus, in dem Sie merken, dass sich Ihr Mitarbeiter ehrlich und aufrichtig anerkannt fühlt.

Aufrichtig und ehrlich sein!

Ohne Vorbereitung ist es so gut wie unmöglich, aufrichtig und ehrlich aufzutreten. Auch wenn es Ihnen schon hin und wieder gelungen ist, sich unvorbereitet durch eine Mitarbeiterbesprechung zu schummeln, wird Ihnen das bei einer Anerkennungsrede nicht gelingen.

Es gibt nichts Schlimmeres als einen schlecht vorbereiteten Vorgesetzten, der den Mitarbeiter bei der Übergabe der Auszeichnung mit dem falschen Namen anspricht (so ein peinlicher Vorfall ist uns schon mindestens zwei Dutzend Mal zu Ohren gekommen). Ebenso peinlich ist es, wenn der Vorgesetzte die Fakten durcheinanderbringt oder ins Stocken gerät, weil er keine Ahnung hat, was er eigentlich sagen soll. Doch halt, gerade ist uns doch noch etwas Schlimmeres eingefallen: Der Preis für die schlechteste Mitarbeiterauszeichnung geht an den Vorgesetzten, der bei der Veranstaltung durch Abwesenheit glänzt, weil er Wichtigeres zu tun hat.

Eine sehr nette Geste, um Ihre Spitzenkräfte zu belohnen, ist eine Einladung zu einem schönen Abendessen in einem wirklich hervorragenden Restaurant. Zum einen ist es sicher schön für Ihre Mitarbeiter, außerhalb des Arbeitsplatzes gefeiert zu werden, zum anderen ermöglichen Sie Ihnen, in den Genuss eines Drei-Sterne-Menüs zu kommen, das sie sich sonst vielleicht nie gönnen würden. Noch besser ist es, wenn ein Topmanager Ihres Unternehmens Ihren Mitarbeitern bei diesem Festmahl Gesellschaft leistet. Dadurch wird den Mitarbeitern vermittelt, dass sich auch die Unternehmensspitze für sie interessiert, und vielleicht nutzen sie sogar die Gelegenheit, einem einflussreichen Entscheidungsträger Vorschläge zu unterbreiten oder über ihre Erfolge zu berichten.

Einer unserer langjährigen Freunde arbeitet im Finanzdistrikt in Manhattan, New York. In seiner Firma zählt er zu den besten Portfoliomanagern, und das schon seit vielen Jahren. Vor kurzem beschloss seine Firma, ihre sieben Spitzenkräfte mit einem Abendessen in einem extrem teuren Restaurant in New York City zu belohnen. Alle sieben erhielten ein sehr edles Einladungsschreiben.

Der große Tag kam. Unser Freund hatte wie üblich sehr lange gearbeitet und machte sich nach Feierabend direkt auf den Weg ins Restaurant. Er freute sich schon darauf, die anderen Spitzenkräfte seiner Firma kennen zu lernen und mit ihnen einen netten Abend zu verbringen.

Im Restaurant angekommen, erblickte er unter den Gästen kein einziges bekanntes Gesicht. Weder sein Chef noch der Chef seines Chefs waren irgendwo zu sehen. Unschlüssig und leicht verunsichert wartete er eine Weile, bis ihm schließlich auffiel, dass einige der anderen Gäste ebenfalls den Eindruck machten, sozusagen bestellt und nicht abgeholt worden zu sein. Wie zufällig gesellte man sich zueinander, und jeder fragte die anderen, für wen sie denn arbeiteten. Und tatsächlich, Sie ahnen es schon, es waren die sieben Spitzenkräfte. Sie erkundigten sich am Empfang und erfuhren, dass ihre Namen auf der Gästeliste standen und ein Tisch für sie reserviert worden war. Aber nur für sieben Personen. Von einem Vorgesetzten keine Spur. Die sieben Mitarbeiter, die sich noch nie im Leben begegnet waren, durften zur Belohnung miteinander zu Abend essen. Von wegen geselliges

Beisammensein, von wegen Anerkennung, von wegen Auszeichnung! Die sieben Manager bestellten natürlich nur das Teuerste, das auf der Speisekarte angeboten wurde. Sie spülten ihren Ärger mit den kostspieligsten Weinen hinunter und verbrachten den Abend damit, über ihre Vorgesetzten und die ignorante Firmenleitung zu schimpfen.

Wir werden oft gefragt, ob gut verdienende Spitzenkräfte überhaupt auf Anerkennung Wert legen, oder ob das nicht eigentlich völlig uninteressant für sie sei. Na ja, unsere sieben Finanzgenies zählten durchaus zu den Topverdienern, aber die Tatsache, dass sie es ihren Vorgesetzten nicht wert waren, einen Abend mit ihnen zu verbringen und ihnen aufrichtig zu danken, hat sie ziemlich geärgert.

Aus dem erhofften Festessen mit Worten des Dankes für ihre ausgezeichneten Errungenschaften für ihre Firma war ein Abend voller Enttäuschungen und böser Worte über die Unfähigkeit des Firmenmanagements geworden. Und natürlich erzählten die sieben Kollegen ihren Freunden, was ihnen widerfahren war. So haben auch wir davon erfahren.

Wenn Sie Ihren Mitarbeitern aufrichtigen Respekt entgegenbringen, verbreitet sich die Kunde darüber wie ein Lauffeuer. Die Kunde über schlechte Behandlung verbreitet sich jedoch mit Lichtgeschwindigkeit. Und eines sollten Sie nie vergessen: Der Teufel steckt im Detail. Seien Sie aufmerksam, und erweisen Sie Ihren Spitzenkräften die Ehre Ihrer Anwesenheit. Sprechen Sie ihnen Ihre ehrliche und aufrichtige Anerkennung aus, dann werden sie Ihnen treu bleiben und sich weiterhin engagieren. Denken Sie immer daran, dass nur ein Mensch einem anderen Anerkennung erweisen kann.

Unserer Erfahrung nach wird Anerkennung immer dann als authentisch empfunden, wenn sie sich auf etwas bezieht, was im jeweiligen Unternehmensbereich besonders wichtig ist. In der Produktion kann das zum Beispiel eine gegen Null gehende Fehlerquote sein, während im Warenlager Arbeitssicherheit und termingerechte Auslieferung am wichtigsten sind. In der Säuglingsstation eines Krankenhauses kommt es besonders auf eine akkurate und zuverlässige Arbeitsweise und Kinderliebe an, von der Marketingabteilung dagegen wird Innovationsfreude erwartet.

Die Belohnung muss auch nicht unbedingt aus einem Abendessen im teuersten Restaurant am Ort bestehen. Jeder, der schon einmal eine persönliche Dankeskarte geschrieben oder erhalten hat, weiß, wie sehr man sich über ein paar nette Worte freuen kann. Wenn Sie beim Lesen dieses Buches also der Tatendrang überfällt, fangen Sie doch am besten gleich damit an. Besorgen Sie sich einen Stapel an Dankeskarten auf Vorrat, und bedanken Sie sich bei Ihren Mitarbeitern.

Uns fällt immer wieder auf, dass Mitarbeiter derartige Aufmerksamkeiten an die Bürowand pinnen, kleinere Kärtchen sogar in der Brieftasche aufbewahren, sie in ein Erinnerungsalbum kleben und sich über Jahre hinweg darüber freuen. Ja, wirklich! Denn Anerkennung ist rar gesät, und wenn sie von Ihnen, ihrem Vorgesetzten, kommt, ist sie Ihren Mitarbeitern viel wert. Vor allem, weil sie von Herzen kommt und konkret auf eine ganz bestimmte Spitzenleistung eingeht.

An die große Glocke hängen!

Fällt im Wald ein Baum um, hat das in der Regel keine Wirkung, denn niemand achtet auf das Geräusch. Und was ist mit Lob, das im stillen Kämmerlein ausgesprochen wird? Ist es genauso effizient wie Lob vor den Augen der Kollegen?
In den meisten Fällen nicht.
Bei der Westfield Group lernen die Manager, wie sie mit der Anerkennung ihrer Mitarbeiter größtmögliche Wirkung erzielen. T. L. Brosseau, Leiter des operativen Bereichs der Versicherungsfirma, konnte immer wieder feststellen, dass »direkt nach der Auszeichnung eines Mitarbeiters die allgemeine Produktivität steigt, mehr Einsatz gezeigt wird und mehr Vorschläge eingereicht werden. Wir gestalten unsere Auszeichnung immer so, dass sie auch nach der eigentlichen Veranstaltung weiter Wirkung zeigt. Auf diese Weise motivieren wir unsere Mitarbeiter, über ihren Tellerrand hinauszublicken, etwas Neues zu wagen und einen echten Beitrag zum Unternehmenserfolg zu leisten.«
Und es funktioniert. In den zwei Jahren, in denen Westfield die offizielle Vorgehensweise bei der Mitarbeiteranerkennung verbessert hat, ist die Mitarbeiterzufriedenheit glatt um 14 Prozent gestiegen, obwohl es darum auch vorher schon ganz gut bestellt war.

Laut einer Umfrage unter mehr als 33 000 von ihren Arbeitgebern ausgezeichneten Mitarbeitern in den USA und Kanada hinterlässt eine gut durchdachte Veranstaltung einen bleibenden Eindruck und wirkt sich sogar auf den Gesamteindruck aus, den Mitarbeiter von ihrer Firma haben.

Von den befragten Mitarbeitern, die die Veranstaltung als »hervorragend« beurteilten, empfanden 97 Prozent, dass ihre Beiträge geschätzt wurden. Und genau das wollen Sie ja erreichen, oder? Ihre Mitarbeiter sollen sich geschätzt, anerkannt und mit Ihrem Unternehmen verbunden fühlen. Und was war mit den Mitarbeitern, deren Urteil »schlecht« lautete oder für die nie eine Veranstaltung stattgefunden hat, weil sie ihre Auszeichnung per Post erhielten? Von diesen Mitarbeitern fühlten sich lediglich 39 Prozent für ihre Leistungen angemessen gewürdigt.

In diesem Fall können Sie schon einmal die nächste Stellenanzeige aufsetzen.

Mancher mag der Meinung sein, auch das winzigste Zeichen der Anerkennung sei ja wohl auf alle Fälle besser als gar keine. Ja, schon, doch es kommt auf die Form an. Ziemlich stark sogar. Denken Sie doch einmal daran, welchen Unterschied es macht, ob Sie am Valentinstag eine liebevoll oder lieblos verpackte Aufmerksamkeit erhalten.

Eric Lange ist einer der Topmanager beim VNU Media Research Center Inc. (oder auch Nielsen Media Research, das weltweit führende Medienforschungsunternehmen). Er erzählte uns eine Geschichte, die sogar das *Wall Street Journal* für erstaunlich genug hielt, um sie in einem Artikel über Mitarbeiteranerkennung abzudrucken.

Bevor Lange zu VNU kam, einer großartigen Firma, an der es nichts zu bemängeln gibt, arbeitete er bei einer Speditionsfirma, deren Namen wir hier lieber nicht nennen wollen. Langes Kollege, nennen wir ihn Paul, war zum Mitarbeiter des Jahres ernannt worden und hatte den Chairman's Award – eine Auszeichnung vom Vorstand – gewonnen: eine goldene Rolex-Armbanduhr, mit der die Spedition ihren besten Mitarbeiter belohnen wollte.

Wenn Sie glauben, damit könnte man nun wirklich nichts falsch machen, irren Sie sich gewaltig! Zuerst einmal wurde Paul die Rolex weder vom Vorstand noch von seinem direkten Vorgesetzten überreicht. Nein, er erhielt sie per UPS.

Eines schönen Morgens kam Paul nichts Böses ahnend in sein Büro und fand auf seinem Schreibtisch ein Päckchen vor. Darin befand sich die sehnlichst erwartete Rolex. Einfach so. Keine öffentliche Veranstaltung, kein einziges freundliches Wort, keine bewundernden Blicke von seinen Kollegen oder seiner Frau. Er würde sich noch nicht einmal heimlich darüber freuen können, dass der auf Platz zwei gewählte Mitarbeiter angesichts der Rolex vor Neid erblasst. Umgeben vom Klingeln der Telefone in den anderen Büros war Paul ganz alleine.

In diesem Moment kam Eric zufällig in Pauls Büro und fragte: »Was war denn in dem Päckchen, das für dich abgegeben wurde?« Und Paul antwortete: »Meine Belohnung. Du weißt schon, die Rolex.«

Da Paul die Enttäuschung deutlich ins Gesicht geschrieben stand, versuchte Eric zu retten, was an dieser Situation zu retten war. Er schnappte sich die Rolex, trommelte einige der Kollegen zusammen, die zu so früher Stunde schon anwesend waren, und übergab Paul sein Präsent mit den Worten: »Meine sehr geehrten Damen und Herren, es ist mir eine Ehre, Ihnen den Gewinner des diesjährigen Chairman's Award vorzustellen – Paul!«

Unter Applaus und Hochrufen seiner Kollegen nahm Paul die Rolex in Empfang, und die Lage schien sich entspannt zu haben. Das sollte sich jedoch schnell wieder ändern. Eric hatte noch einen Umschlag im Päckchen entdeckt, und in der Annahme, es müsse sich um ein Glückwunschschreiben des Vorstands handeln, nahm er das Schreiben heraus und las es.

Ein so wertvolles Geschenk wie eine Rolex gilt als Einkommen – zu versteuerndes Einkommen. Das Schreiben war nicht vom Vorstand, sondern vom Finanzamt. Da Pauls Arbeitgeber die Uhr nicht versteuert hatte, sollte Paul – der Mitarbeiter des Jahres – 5000 US-Dollar (umgerechnet ca. 3859 Euro) an Einkommensteuer nachzahlen.

Man könnte also sagen, dass die Spedition Paul eine Rolex für 5000 US-Dollar verkauft hat. Als Zeichen ihres Dankes, wohlgemerkt.

Wie die Geschichte ausging? Einen Monat später fragte Eric seinen Freund Paul, weshalb er die Rolex nie trug.

»Habe ich verkauft, um die Steuern zahlen zu können«, lautete die Antwort.

Einige Monate später reichte Paul seine Kündigung ein. Innerhalb weniger Monate war aus dem Mitarbeiter des Jahres ein ehemaliger Mitarbeiter geworden. Und warum? Weil das Finanzamt eine Steuernachzahlung forderte? Na ja, besonders schön war das nicht. Weil keinerlei aufrichtige und öffentliche Anerkennung gezeigt wurde? Ja, bestimmt. Und am schlimmsten finden wir, dass ein Unternehmen mit so vielen guten Führungskräften nicht verstanden hat, dass man den besten Mitarbeiter nur behalten kann, wenn er im angemessenen Rahmen ausgezeichnet wird.

Eine ganz andere Geschichte hat die Managerin Olga Gonzales erlebt.

Ihr Arbeitgeber, ein Energieversorgungsunternehmen, hatte uns kürzlich als Gastredner zu einer Managerkonferenz eingeladen, in deren Verlauf sie ausgezeichnet werden sollte.

Bevor wir an der Reihe waren, holte Gonzales' Vorgesetzter sie auf die Bühne. Er rief allen Anwesenden noch einmal in Erinnerung, welche enormen Schwierigkeiten die Umrüstung der Computersysteme dem Unternehmen bereitet hatte. Dann wandte er sich an seine Mitarbeiter: »Ich möchte Olga für ihre tatkräftige Unterstützung und für die fantastische Motivation ihres gesamten Teams danken. Eine bessere Führungskraft können wir uns nicht wünschen. Sie gibt ihren Mitarbeitern ganz klare Ziele vor und motiviert sie durch die Anerkennung guter Leistungen. Ungeachtet aller Schwierigkeiten, die sie während unserer Systemumstellung meistern musste, verbreitete sie Zuversicht und Optimismus. Sie geht uns allen mit gutem Beispiel voran.«

Er führte noch weiter aus, wie sich Gonzales während der schwierigen Umrüstungsphase für ihr Team eingesetzt und dadurch Erstaunliches erreicht hatte. Während Gonzales dort auf der Bühne vor den hohen Tieren ihres Unternehmens gelobt wurde, hatten wir Gelegenheit, sie zu beobachten. Sie strahlte übers ganze Gesicht. Sie hätten sie sehen sollen! Sie strahlte auch noch, als sie eine Stunde später die Konferenz verließ, um sich wieder an die Arbeit zu machen. Ob sie genauso gestrahlt hätte, wenn ihr Vorgesetzter ihr dasselbe unter vier Augen gesagt hätte? Das bezweifeln wir.

Und noch ein großartiges Beispiel von Beverly Gomez, der Leiterin des Friendly's Restaurants in Hershey, US-Bundesstaat Pennsylvania. Wir trafen Gomez Ende August, als fast alle Studenten, die den

Sommer über bei Friendly's gejobbt hatten, in Scharen wieder zurück an die Universitäten strömten. Daher fehlte Gomez jemand, der die unbeliebte Samstagsschicht übernehmen konnte. Wortwörtlich erzählte sie uns:
»Ich habe eine Bedienung, die schon seit 15 Jahren für mich arbeitet, allerdings nur an bestimmten Tagen, und der Samstag gehörte noch nie dazu. Aber fragen kostet ja nichts, daher sagte ich: ›Joan, ich weiß, dass Sie samstags nicht arbeiten, aber ich brauche unbedingt jemanden, der am Samstag bedient.‹ Sie sagte sofort zu, ohne auch nur eine Sekunde zu überlegen. Ich rief sofort die gesamte Mannschaft zusammen. Ich habe da einen leeren Getränkekasten, auf den ich mich immer stelle, meine kleine private Bühne sozusagen. Ich stelle mich auf den Kasten, und alle Gäste schauen mich schon ganz neugierig an. Ich höre meine Mitarbeiter tuscheln: ›Jetzt wird's gleich wieder peinlich für einen von uns werden.‹ Aber sie finden das wirklich toll, auch wenn sie darüber lästern. Sie ziehen den- oder diejenige auch auf, den ich auf diese Weise lobe, aber es ist immer nett und freundschaftlich gemeint. Na, jedenfalls forme ich die Hände zu einer Art Tröte. ›Tuut, Tuut, Tuut, alle mal herhören!‹, rufe ich und lasse sie alle wissen, was Joan gerade gemacht hat. ›Sie erhalten von mir 4000-Hurra-Punkte, weil Sie außerordentlichen Teamgeist beweisen. Ich finde es super, dass Sie ohne zu zögern bereit sind, am Samstag zu arbeiten.‹« Alle lachten über Joan, aber man konnte fühlen, dass etwas Tolles passiert ist.

Und dass etwas Tolles passiert ist, können Sie ruhig glauben. Seit Gomez das Restaurant vor zwei Jahren übernommen hat, ist die Mitarbeiterfluktuation um 25 Prozent zurückgegangen, und das Friendly's Restaurant in Hershey ist eines der erfolgreichsten der gesamten Kette.

»Vielleicht übertreibe ich ja ein bisschen, was die Sache mit der Mitarbeiteranerkennung angeht«, gab Gomez zu. »Meine Mitarbeiter denken ganz sicher, dass ich etwas spinne, und sie lachen mich deswegen auch aus. Aber das ist schon in Ordnung für mich. Hauptsache, das Ergebnis stimmt.«

Gomez hat erkannt, dass öffentliche Anerkennung einen höchst positiven Nebeneffekt hat, der jedoch meist stark vernachlässigt wird: Sie übt eine immense Wirkung auf diejenigen aus, die ihr beiwohnen. Vielleicht kommen die Kollegen erst einmal nur der kostenlosen

Snacks wegen – im Fall von Friendly's gibt es natürlich Eis für alle –, doch Mitarbeiter, die eine Auszeichnungsfeier erleben, haben danach eine klarere Vorstellung über die Prioritäten und Ziele ihres Teams. Wer miterlebt, wie ein Kollege dafür ausgezeichnet wird, dass er einen der Kernwerte des Unternehmens auf lobenswerte Weise umgesetzt hat, fragt sich automatisch, wie es wohl wäre, an dessen Stelle zu stehen.
Und zurück am Arbeitsplatz wächst der Wunsch, das durch eigene herausragende Leistungen *herauszufinden*.

Lob, ja! Aber richtig!

Bei Lob kommt es vor allem darauf an, individuell zu differenzieren. Anerkennung muss auf die Interessen, Bedürfnisse und Vorlieben jedes Mitarbeiters zugeschnitten sein.

Nehmen wir zum Beispiel Tim Garrett, Leiter des Datenverarbeitungszentrums bei DHL, der seinen Führungsstil auf lobenswerte Weise weiterentwickelt hat. Seine 50 Mitarbeiter, die landesweit für den weltweit größten Zustellungsdienst DHL arbeiten, leitet er von Phoenix, US-Bundesstaat Arizona, aus.

Tim gab uns gegenüber zu, dass er dabei war, für seine Mitarbeiter der »Typ mit dem Kaffee« zu werden, da er sich angewöhnt hatte, seine Mitarbeiter mit Gutscheinen für Cafés zu belohnen. Für die Fahrer bot sich das ja auch an, oder? Und keiner seiner Mitarbeiter hatte sich jemals bei ihm darüber beschwert. Doch als er in einem unserer Bücher gelesen hatte, dass Anerkennung individuell erfolgen sollte, fragte er seine Mitarbeiter, ob seine Art der Anerkennung denn überhaupt ihren Sinn erfüllte.

Vielleicht ahnen Sie schon, was dabei herauskam:
»Freuen Sie sich eigentlich über die Kaffeegutscheine?«
»Ehrlich gesagt, nein. Ich trinke keinen Kaffee, und deshalb gebe ich Ihre Gutscheine immer meinem Nachbarn.«

Ups. Unser Manager meinte es zwar gut, aber gefreut hat sich nicht sein Mitarbeiter, sondern dessen Nachbar.

»Mir war vorher nicht bewusst, dass es nicht jedermanns Sache ist, bei ein paar Tassen Kaffee zu entspannen. Meine Mitarbeiter freuen sich zwar, dass ich sie überhaupt mit Gutscheinen belohnt habe, doch seit ich mir die Mühe mache herauszufinden, was ihnen wirklich gefällt, ist die Freude noch viel größer. Damit beschäftige ich mich seit einiger Zeit, und es gibt noch viel über meine Mitarbeiter und ihre persönlichen Vorlieben zu lernen.«

An Tims Beispiel lernen wir, dass sich Kaffeegutscheine nur für diejenigen eignen, die sich als passionierte Kaffeetrinker auch gerne in ein Café setzen. Für alle anderen ist diese Art der Belohnung eher ein Reinfall.

Mittlerweile hat dieser großartige Manager hart an sich gearbeitet und interessiert sich dafür, was seinen Mitarbeitern wichtig ist. Er motiviert seine Mitarbeiter, indem er sie individuell mit Präsenten belohnt, die ihnen wirklich etwas bedeuten. Das Ergebnis ist eine engagierte Belegschaft, die immer wieder erfährt, dass ihr Vorgesetzter besondere Leistungen sieht und bei der Belohnung auf individuelle Vorlieben eingeht.

Trevor Grams, der Leiter des operativen Bereichs bei EPCOR Generation Inc. im kanadischen Edmonton, Alberta, erzählte uns:»Als ich Betriebsleiter war, erhielten die Mitarbeiter zum Dank üblicherweise eine Kappe oder ein T-Shirt. ... Andere Arten der Anerkennung kannte ich nicht, doch ich habe schnell gemerkt, dass diese Art der Belohnung nicht unbedingt zu guten Ergebnissen führt. Ich habe gelernt, dass Anerkennung persönlich sein muss.«

Die wahrscheinlich beste Art der Anerkennung ist die, die auf die persönlichen Bedürfnisse der einzelnen Mitarbeiter eingeht. Eine Managerin berichtete uns einmal von einem besonders netten Beispiel. Sie hatte bemerkt, dass sich eine ihrer Topkräfte große Sorgen über die schlechten Mathematiknoten ihres Sohnes machte. Die Managerin wartete auf die nächste Gelegenheit, um die Mitarbeiterin zu belohnen, und schenkte ihr dann einen Gutschein über eine sechsmonatige Mathenachhilfe – ganz bequem zuhause.

Halten wir fest: Anerkennung muss auf jeden Mitarbeiter zugeschnitten sein und auf dessen Bedürfnisse eingehen. Dafür werden sich Ihre Notizen als äußerst nützlich erweisen, da Sie nachlesen können, was für welchen Mitarbeiter wichtig ist und wodurch er sich aufrichtig geschätzt fühlt.

Nachdem dies geklärt ist, bleibt zu sagen, dass eine Belohnung nicht kostspielig sein muss. Sie muss als »angemessen« empfunden werden, was bedeutet, dass Mitarbeiter sie im Verhältnis zur Schwierigkeit ihrer Aufgabe als die richtige Wahl ansehen. Da dieses Empfinden subjektiv ist, ist es für Sie eventuell etwas schwierig, das richtige Maß zu treffen. Aber eines ist sicher: Wenn Sie daneben treffen, merken es Ihre Mitarbeiter sofort. Wie die Programmierer eines kleinen Start-up-Unternehmens, mit denen wir uns unterhalten haben.

Zuerst freuten sie sich, als das Unternehmen trotz knapper Kasse ein Anerkennungsprogramm ankündigte. Die Freude währte jedoch nur kurz.

»Die Belohnung für besondere Mitarbeiterleistung bestand aus einer Tüte Fruchtgummis und einer batteriebetriebenen Lampe in Sternform, wie man sie an Jahrmarktständen mit Kinderspielzeug kaufen kann«, erzählte uns ein Entwickler.

Die von der Belohnung nun wirklich nicht überwältigten Programmierer betitelten das Anerkennungsprogramm höchst aufschlussreich als »Kannst-du-löschen-Initiative«.

Unserer Ansicht nach wäre die Geschichte schon schlimm genug, wenn sie hier enden würde. Das tut sie aber nicht. Einer der Softwareprogrammierer erinnerte sich: »Als ich belohnt werden sollte, hatte mein Chef keine Zeit gehabt, Fruchtgummis zu kaufen. Und Lampen waren auch keine mehr da. Er sagte mir, ich solle mir die Lampe vom Schreibtisch meines Kollegen nehmen und auf meinen Tisch stellen.«

Es versteht sich von selbst, dass der Programmierer sich nicht so weit herabließ.

Als Dankeschön für kleinere Errungenschaften kann eine Tasse, ein T-Shirt oder sogar eine sternförmige Lampe durchaus angemessen sein und Freude machen. Bei einem unserer Firmenbesuche erzählte uns ein Manager, dass er jedem Mitarbeiter, der etwas Besonderes geleistet hat, ein Aufziehspielzeug (wie es sie oft im Kindermenü von McDonalds gibt) auf den Schreibtisch stellt. Solange sich die Spielzeugfigur bewegt, hat der Mitarbeiter Zeit, einen Wunsch zu äußern, Geld ausgeschlossen. Zum Beispiel, eine Woche lang eine Stunde später zur Arbeit zu kommen, sich übers Wochenende ein Firmenauto auszuleihen und so weiter. Es gab noch keinen Wunsch, den der Manager hätte ausschlagen müssen, sagte er uns.

Kinderkram? Klar! Witzig? Absolut! Die Mitarbeiter finden es *super.*

Es gehört zu den Aufgaben eines Managers, seine Mitarbeiter gut genug zu kennen, dass er weiß, was ihnen etwas bedeutet und wodurch sie sich geschätzt fühlen. In obigem Beispiel durften sie sich etwas wünschen, was ihnen persönlich am Herzen lag.

Was die Art der Belohnung angeht, hat ein symbolträchtiges Geschenk den emotional höchsten Wert. Derartige Präsente sollten echten Spitzenleistungen vorbehalten sein und kosten natürlich auch oft etwas mehr. Oft, aber nicht immer, wie uns ein befreundeter Unternehmenschef und ehemaliger Anwalt bewies.

»Ich habe einen mehrfarbigen Stein auf meinen Schreibtisch stehen, und eigentlich ist er ein ziemlich scheußlicher Briefbeschwerer. Warum ich diesen Schieferklumpen nicht schon vor Jahren weggeschmissen habe? Nun, seit sieben Jahren setze ich mich dafür ein, dass synthetische Brennstoffe in den USA wettbewerbsfähig werden, und dieser Stein ist eine Auszeichnung, die in der Branche nur einer Hand voll Auserkorenen verliehen wird. Ich bin wahnsinnig stolz darauf, und ich werde dieses Andenken mein Leben lang behalten.«

Wie kann es sein, dass ein simpler Steinbrocken jemandem so viel bedeutet? Weil er ein Symbol für höchste Wertschätzung, Respekt und Anerkennung ist. Im Jahr 2002 wurde die Welt Zeuge, wie eine kanadische Ein-Dollar-Münze symbolische Bedeutung für eine ganze Nation gewann.

Jeder Kanadier kann Ihnen erzählen, dass Wayne Gretzky, einer der besten Eishockeyspieler aller Zeiten und Präsident des kanadischen Eishockey-Nationalteams, aus der Eisfläche des Salt Lake City-Stadions im US-Bundesstaat Utah eine kanadische Dollarmünze (die mit dem Eistaucher) herauskratzte, nachdem Kanada in den Olympischen Winterspielen 2002 die Goldmedaille gewonnen und die USA auf den zweiten Platz verwiesen hatte.

Um die Bedeutung dieser Geschichte verstehen zu können, muss man wissen, dass die Olympiade für Millionen Kanadier keinesfalls ein mulikulturelles Sportereignis darstellt, sondern lediglich als großes Eishockeyturnier gilt. Gretzky erkannte, dass es unter diesen Voraussetzungen schwierig werden könnte, seine Spieler zu dem notwendigen Ehrgeiz anzuspornen, die Goldmedaille zu gewinnen. Der erste Schritt zur Lösung dieses Problems war, einen Landsmann zu finden, der im Eisstadion arbeitete. Diesen stiftete er dazu an, einige Tage vor dem Beginn der Spiele heimlich eine kanadische Ein-Dollar-

Münze im Eis zu verstecken. Nur dem kanadischen Nationalteam verriet er anschließend, was unter dem Eis verborgen war.

Was hat Gretzkys »Eistaucher« den Spielern kommuniziert? Dass das Eis bei den Olympischen Spielen Kanada gehörte. Natürlich hätte er seinen Spielern auch sagen können, dass sie sich wegen des Heimvorteils der USA keine Sorgen zu machen brauchten, weil Kanada schließlich das Eishockey erfunden hatte und seit Ewigkeiten spielte. Er hätte ihnen versichern können, dass sie spieltechnisch haushoch überlegen waren. Aber nein, stattdessen weihte er sie in der ersten Teamsitzung in das Geheimnis des Eistauchers ein, der Kanadas Herrschaft über das Eis symbolisierte. Er hat sein Versprechen wahr gemacht. Und außerdem ist es ihm gelungen, Kanada und seinem Team durch ein Symbol zu einer kollektiven Erfahrung zu verhelfen.

Heute ist diese Münze in einer Vitrine in der »Hall of Fame« des Eishockeysports im kanadischen Toronto zu bestaunen. Als die Münze erstmals der Öffentlichkeit präsentiert wurde, konnten sie die Besucher noch anfassen. Weil aber jeder diesen Glücksbringer berühren wollte, befürchtete man, die Münze wäre im Nu völlig abgegriffen, weshalb man sie in eine Vitrine schloss.

Ja, eine solche Kraft kann ein Symbol entwickeln. Eine Ein-Dollar-Münze, die dem Team zum Sieg verhalf und somit ebenso viel wert ist wie die begehrte Goldmedaille.

Abschließend wollen wir Ihnen noch ein sehr persönliches Bespiel zu diesem Thema erzählen. Als Chesters Schwiegermutter gestorben war, reiste seine Frau Heidi nach Hause, um die Trauerfeierlichkeiten im Kreis ihrer Familie zu begehen und ihrem Vater zur Hand zu gehen. Während die gesamte Familie beisammen war, bot der Vater allen Kindern an, sich etwas aus den persönlichen Gegenständen der verstorbenen Mutter als Erinnerungsstück auszusuchen.

Wie Sie sich sicher vorstellen können, riss sich niemand um das Waffeleisen und den Staubsauger, die Stereoanlage und den Fernseher. Die Kinder suchten sich Gegenstände mit persönlichem und symbolischem Wert heraus.

Heidi wählte als Andenken eine kleine Pfadfinderfigur, an der absolut nichts Bemerkenswertes ist. Das Material ist nichts wert, und die Gravur lautet schlicht:

MARION OLSON 1973
Girl Scouts United States

Heidis Mutter hatte sich ihr Leben lang für die lokale Gruppe der Pfadfinderinnen engagiert, wie uns Heidi erzählt hat. »Ich war noch ganz klein, aber ich kann mich gut daran erinnern, dass sie mich immer zu den Treffen mitnahm. Während sie sich um diverse Angelegenheiten kümmerte, spielte ich auf dem Fußboden.« Es versteht sich von selbst, dass Heidi, sobald sie alt genug war, ebenfalls den Pfadfinderinnen beitrat und die Tradition weiterführte, die ihre Mutter mit aufgebaut hatte. Die kleine Figur stand für Heidi nicht einfach für die Pfadfindergruppe, sondern erinnerte sie an die Zeit mit ihrer Mutter und symbolisierte einen wichtigen Teil ihres Lebenswerks.

»Diese kleine Pfadfinderin wird mich immer an die wichtigste Lektion in meinem Leben erinnern: anderen Menschen zu helfen.«

Die Figur ist nicht einfach bloß das Abbild einer Pfadfinderin. Sie ist ein Andenken an ihre Mutter, die ihr Leben in den Dienst ihrer Mitmenschen gestellt hatte.

Symbolen wohnt eine starke Kraft inne, egal ob es sich dabei um ein Familienerbstück handelt, um einen Ring, der für 100 000 Meilen unfallfreies Fahren verliehen wurde, eine Jacke mit Firmenlogo, die als Anerkennung für den erfolgreichen Abschluss eines schwierigen technischen Projekts verliehen wurde, oder um einen Kristallglasapfel, der nach einem Fortbildungskurs überreicht wurde. Diesen Dingen haften Erinnerungen an, die emotional berühren, weshalb sie nicht auf dem nächsten Flohmarkt verscherbelt, sondern den Kindern und Kindeskindern weitervererbt werden.

Wertschätzung, Respekt, Anerkennung. Ein symbolisches Präsent kommt ebenso wenig aus der Mode wie die Werte, die es symbolisiert.

Zeigen Sie sich großzügig, was Anerkennung angeht

»Wie? Du hast schon wieder Hunger? Ich hab dich doch erst gestern gefüttert«, sagen wir in gespieltem Entsetzen zu unseren Sprösslingen. Und obwohl sie den Spruch schon unzählige Male gehört haben, kichern sie immer wieder darüber, weil der alte Witz einfach absolut lächerlich ist. Sogar jedes Kleinkind weiß, dass Essen und Trinken Leib und Seele zusammenhält.

Mit Anerkennung und Lob verhält es sich nicht anders.

Nie werden wir die Worte des Schreiners aus North Carolina vergessen, der in einer wirklich tollen Feier vor allen Kollegen und Managern ausgezeichnet worden war. Als charmanter, offenherziger Mann sagte er geradeheraus, was er über seine Belohnung und die Veranstaltung dachte: »Das baut unheimlich auf, ich fühle mich einfach großartig. Und es motiviert mich dazu, immer so weiter zu machen.«

Aber dieses Gefühl hält natürlich nicht ewig vor. Studien belegen, dass Anerkennung am nachhaltigsten wirkt, wenn sie alle sieben Tage erfolgt. Und sie wirkt besser, wenn sie unmittelbar nach einer guten Leistung ausgesprochen wird.

»Manager, ganz speziell Berufsanfänger, sind meistens so im Stress, ihre eigenen Aufgaben zu meistern, dass es manchmal untergeht, wenn einer ihrer Mitarbeiter etwas Großartiges geleistet hat«, erzählte uns ein Manager. »Wenn man diesen Mitarbeiter erst eine Woche später für seine Leistung lobt, bedeutet es ihm weniger, als wenn man sich noch am selben oder spätestens am nächsten Tag die Zeit nimmt, um ihm zu sagen: ›Ich bin beeindruckt. Sie haben dem Team einen wichtigen Dienst erwiesen und etwas ganz Besonderes geleistet.‹ «

Spontanes Lob auf täglicher Basis ist eine gute Möglichkeit, für häufige Anerkennung zu sorgen. Außerdem kostet es im Gegensatz zu offiziellen Anerkennungsmaßnahmen so gut wie nichts. Wenn Sie geschickt dabei vorgehen, verhelfen Sie Ihren Mitarbeitern dadurch zu den vielleicht schönsten Momenten der Anerkennung.

»Jeder wünscht sich, auch ohne viel Aufhebens anerkannt zu werden, das heißt, das Gefühl zu haben, dass der Chef zufrieden ist«, meinte der HR-Stratege Kevin Wheeler, Vorstandsvorsitzender der Global Learning Resources Inc. aus Fremont.

Dee Hansford, die Mitte der 1990er das Mitarbeiteranerkennungsprogramm der Disney World Corporation leitete, war dafür bekannt, plötzlich irgendwo im Disney-Park aufzutauchen, um Lob auszuteilen. Sie erschien zum Beispiel völlig unerwartet in der Küche eines Themenpark-Restaurants, um das Personal dafür zu loben, wie sauber der Arbeitsplatz sei und dass Disney dafür die besten Noten vom Gesundheitsamt bekommen würde.

Obwohl 1995 ein Einstellungsstopp bei Disney erfolgte und die Mitarbeiter mit einem Besucheranstieg von 15 Prozent fertig werden mussten, wofür sie weder mehr Gehalt noch Sonderprämien erhielten, stieg die Arbeitsplatzzufriedenheit der Mitarbeiter um 15 Prozent.

Wie Umfragen ergaben, waren auch die Zufriedenheit der Besucher und deren Interesse, Disney World weitere Besuche abzustatten, »unglaublich hoch«. Des Weiteren verzeichnete Disney in seinem Jahresbericht 1995 eine Gewinnsteigerung um 15 Prozent, die von eben jenem Vergnügungspark erwirtschaftet worden war.

Schlichtes, konkretes Lob kann enorme Wirkung haben. Und wie bereits erwähnt, sind ein paar handschriftlich verfasste, persönliche Zeilen oft die schönste Form der Anerkennung. Da wir beide oft geschäftlich unterwegs sind und in Hotels übernachten, haben wir uns angewöhnt, dem Zimmermädchen schon nach den ersten Nächten eine Nachricht (und ein Trinkgeld) im Zimmer zu hinterlassen, in der wir uns dafür bedanken, dass das Zimmer so ordentlich aufgeräumt ist, dass es eine Freude ist, ins Hotel zurückzukehren. Bisher haben wir immer eine nette Antwort vom Zimmermädchen vorgefunden – und meistens auch ein Stück Schokolade mehr.

Dankesschreiben haben auch beim Finanzdienstleister T. Rowe Price in Baltimore, US-Bundesstaat Maryland, immense Wirkung gezeigt. Die Dankeskarten und ausgedruckten E-Mails, die in jedem Raum die Wände pflastern, kann niemand übersehen, der einen Fuß in das Gebäude setzt. Insgesamt sind schon im ersten Jahr, in dem das Spotlight-Programm des Unternehmens eingeführt wurde, 40 000 Dankeskarten zusammengekommen, erzählte uns Sharon Gilbert, Vizechefin der Kundenkommunikation.

Inhalt des Spotlight-Programms ist es unter anderem, Mitarbeiter sowie Führungskräfte dazu anzuhalten, sich für besondere Leistungen in den Bereichen Kundenservice, Teamarbeit, Führungsqualität und Innovation – die Kernwerte des Unternehmens – gegenseitig so genannte »Spotlight-Karten« zu schicken.

»Damit möchten wir die Mitarbeiter in den von uns erwünschten Verhaltensweisen bestärken ... und es funktioniert. Nicht nur die Kundenzufriedenheit ist deutlich gestiegen, auch alle Mitarbeiter und Kollegen sind zufriedener und fühlen sich mehr anerkannt«, berichtete Gilbert.

Besonders aussagekräftig ist, dass die Mitarbeiter nach nur einem Jahr angaben, das Spotlight-Programm zu 92 Prozent für gut zu befinden. Wie viele Ihrer HR-Programme wurden von Ihren Mitarbeitern schon einmal so ausgezeichnet bewertet?

Ein anderes Mal erwies sich – ob Sie es glauben oder nicht – eine Plüschmöhre als beste spontane und formlose Art der Anerkennung. 2005, am letzten Tag einer viertägigen Schulung in Peking, besuchte ich [Chester] in der Mittagspause noch einmal das Restaurant, das uns – Dozenten wie Schulungsteilnehmern – während unseres Aufenthalts zum Stammlokal geworden war. Jeden Tag war ich von derselben Dame bedient worden, die mir immer aufmerksam nachgeschenkt, bei der Auswahl der exotischen Speisen geholfen und ein freundliches Lächeln geschenkt hatte.

Ich beschloss, mich an meinem letzten Tag in Peking bei ihr zu bedanken. Als ich fertig gegessen hatte, winkte ich sie an unseren Tisch, um sie für den großartigen Service zu loben. Ich erklärte ihr (mithilfe des Dolmetschers), dass es in meiner Firma üblich sei, hervorragenden Service anzuerkennen und zu belohnen. Sie strahlte mich an und sagte, »Wenn das so ist, würde ich gerne für Sie arbeiten.« Ich erzählte ihr von unserem Prinzip »Führen mit Möhren« und schenkte ihr »Garrett, die Karotte« als Dank für ihre ausgezeichnete Arbeit.

Garrett ist eine lächelnde Plüschmöhre, die nur ein paar Dollar kostet und (Sie haben es erraten) in China hergestellt wird. Ein ziemlich preisgünstiges Präsent also, doch die Bedienung freute sich, als hätte ich ihr den Oscar verliehen. Sie rief ihre Freunde zu uns an den Tisch, und wir schossen unzählige Fotos. Zumindest über die Mittagszeit war sie zum Superstar geworden: die fleißigste, aufmerksamste und freundlichste Bedienung des Restaurants, die für ihre Leistung geschätzt und anerkannt wurde. Und zwar mit einer Plüschmöhre und einem einfachen *Xie Xie* (Vielen Dank auf Chinesisch).

Erstaunlich, was ein kleines Dankeschön bewirken kann, nicht wahr?

50 Möglichkeiten, sich zu bedanken

Hatten Sie schon einmal eine »Dankblockade«? Keine Sorge, das kann jedem passieren. Zum Glück gibt es genauso viele Möglichkeiten sich zu bedanken, wie es Menschen gibt, die Dank verdienen. Nein, eigentlich gibt es noch viel mehr Möglichkeiten. Und genau das ist es, was an Lob und Anerkennung Spaß macht. Der Fantasie sind keine Grenzen gesetzt. Um Ihrer Kreativität auf die Sprünge zu helfen, haben wir 50 tolle Vorschläge zusammengestellt, mit denen man sich bei Spitzenmitarbeitern bedanken kann.

Für individuelle Leistungen

- Schenken Sie Ihrer Mitarbeiterin bei der Auszeichnungsfeier einen schönen Blumenstrauß, aber überreichen Sie jede Blume einzeln, und bedanken Sie sich jedes Mal für eine ganz spezielle Leistung.
- Gestatten Sie einem Mitarbeiter, am prestigeträchtigsten, spannendsten Projekt des Unternehmens mitzuarbeiten. Eine einzigartige Chance zu bekommen, ist manchmal die größte Auszeichnung.
- Laden Sie einen Mitarbeiter zum Essen mit Ihrem Vorgesetzten ein. Stellen Sie ihn vor und beschreiben Sie ausführlich, welche wertvollen Beiträge er in letzter Zeit geleistet hat.
- Überlegen Sie sich einen lustigen »Wanderpokal« – der ebenso gut eine Schärpe, eine Quietsch-Ente oder eine Comicfigur sein kann –, mit dem Sie den jeweils besten Mitarbeiter der Woche ehren.
- Belohnen Sie im Winter Ihre Topmitarbeiterin damit, dass Sie ihr Auto kurz vor Feierabend von Schnee und Eis befreien und es schon einmal vorheizen.
- Übernehmen Sie die Idee mit dem Aufziehspielzeug, und gewähren Sie Ihrer Spitzenkraft einen Wunsch, der nichts mit Geld zu tun hat.
- Schenken Sie einer Mitarbeiterin eine schöne Steinfigur für den Garten, am besten mit einer Inschrift, dass ihre Pflanzen ebenso wachsen mögen wie Ihre Bewunderung für sie.
- Überraschen Sie Ihre Mitarbeiterin mit der passenden Partydekoration für den Kindergeburtstag ihres Sprösslings, weil Sie wissen, dass sie viel zu viel zu tun hat, um sich selbst darum zu kümmern.
- Belohnen Sie einen Mitarbeiter mit einem neuen Bürostuhl, einem neuen Bildschirm oder Ähnlichem.

- Übernehmen Sie für einen Monat oder für ein Jahr die Parkplatzgebühren Ihres Mitarbeiters.
- Bedanken Sie sich, indem Sie einen Schuhputzer oder eine Fingernagelstylistin ins Büro kommen lassen.
- Spendieren Sie für einen Tag ein tolles Mietauto mit Chauffeur, der einen Mitarbeiter ins Büro und wieder nach Hause kutschiert.
- Bitten Sie eine lokale Berühmtheit, die Ihr Mitarbeiter bewundert, darum, ihn im Büro zu besuchen und ihm eine kleine Aufmerksamkeit zu überreichen.
- Lassen Sie Ihren Topmitarbeiter für einen bestimmten Zeitraum auf einem Chefparkplatz parken. (Denken Sie daran, ein Schild mit der Aufschrift »Parkplatz reserviert für ...« anzubringen.)
- Beauftragen Sie einen Musiker, Ihrer Mitarbeiterin ein Ständchen an ihrem Arbeitsplatz zu bringen.
- Engagieren Sie ein paar Leute, die für Ihren Mitarbeiter Laub zusammenrechen oder Schnee räumen.
- Lassen Sie eine Woche lang einen Chefkoch das Abendessen bei Ihrem Mitarbeiter zubereiten.
- Spendieren Sie ein Familienporträt.
- Lassen Sie zu Ehren eines Mitarbeiters ein Lied oder Gedicht schreiben.
- Arrangieren Sie für die nächste Geschäftsreise Ihrer Mitarbeiterin heimlich einen Flug in der Ersten Klasse, und verraten Sie es ihr erst, wenn sie auf dem Weg zum Flughafen ist. Sie werden sehen, wie das Ihre Mitarbeiterin motiviert!
- Lassen Sie Ihre Spitzenkraft mit dem Privatflugzeug Ihres Unternehmens zu einem weiter entfernten Meeting fliegen.
- Falls Ihr Mitarbeiter ein Haustier hat, gestatten Sie ihm, es einen Tag lang mit ins Büro zu nehmen (sofern niemand dagegen allergisch ist).
- Wenn Sie das nächste Mal ein Riesengeschäft abgeschlossen haben – sagen wir mal, in der Höhe von einer Million –, gestalten Sie ein Dokument, das – vergrößert und eingerahmt – zum Beispiel verkündet: »Dank Ihnen ist dieses Geschäft zustande gekommen«.

- Engagieren Sie einen Elektriker, der die weihnachtliche Außendekoration am Haus Ihres Mitarbeiters anbringt und wieder abmontiert (die Lichterketten besorgen natürlich Sie).
- Wenn Ihr Mitarbeiter geschäftlich in eine schöne Stadt reisen muss, spendieren Sie ihm einen zusätzlichen Tag zur freien Verfügung.
- Schenken Sie Ihrer Mitarbeiterin ein Teamfoto, das auf einem großen Karton geklebt ist. Lassen Sie alle Teammitglieder um das Foto herum unterschreiben und persönliche Glückwünsche formulieren.
- Lassen Sie Ihre Spitzenkraft in einer witzigen Zeremonie symbolisch auf der Rolltreppe nach oben fahren, um ihr eine Medaille oder Ehrennadel zu überreichen. Gestalten Sie das Drumherum humorvoll und aufwändig, denn der Gedanke zählt, auch wenn es ansonsten keine große Sache ist.
- Schicken Sie dem Kind einer Mitarbeiterin zum Geburtstag ein Buch mit einer Widmung wie »Deine Mama ist ultracool!«
- Machen Sie einem besonders engagierten Mitarbeiter die Freude, dass er zwei Stunden länger schlafen darf, wenn er sich gestresst fühlt. Würden Sie nicht auch gerne mal auf den Wecker verzichten können?
- Muss Ihr Mitarbeiter an einem heißen Tag draußen arbeiten, lassen Sie ihm seinen Lieblingssoftdrink bringen – eisgekühlt, versteht sich.
- Schicken Sie Ihrem Mitarbeiter einen Präsentkorb nach Hause, und denken Sie daran, eine persönlich verfasste Dankeskarte beizulegen. (Seine Familie wird sich bestimmt auch bei ihm bedanken.)
- Verlängern Sie die Mittagspause Ihres Mitarbeiters in der Vorweihnachtszeit auf zwei Stunden oder lassen Sie ihn früher gehen, damit er Geschenke einkaufen kann.
- Schenken Sie Ihrer Mitarbeiterin einen Druck ihres Lieblingsmalers.
- Bieten Sie Ihrem Mitarbeiter an, für einen Tag seinen Assistenten zu spielen und ihm bei der Arbeit zu helfen.
- Wenn Ihr Mitarbeiter das nächste Mal geschäftlich verreist, schenken Sie ihm eine Eintrittskarte für ein kulturelles Ereig-

nis, das in der betreffenden Stadt stattfindet (zum Beispiel ein Theater- oder Konzertticket).

- Will Ihr Mitarbeiter mit seiner Familie zu einem Fußballspiel fahren, spendieren Sie ihm Logenplätze.
- Bezahlen Sie die Kosten für die Hunde- oder Katzenpension, solange Ihr Mitarbeiter auf Geschäftsreise ist.
- Hat Ihr Mitarbeiter einen Hund, schenken Sie ihm ein schönes Halsband mit Leine oder einen Gutschein für den Hundefrisör.
- Bitten Sie Ihr Team, den Garten Ihres Mitarbeiters auf Vordermann zu bringen, solange er arbeitet oder auf Geschäftsreise ist. Sie werden überrascht sein, wie stark es Ihren Mitarbeiter motiviert, wenn Sie und das Team eine Stunde lang für ihn arbeiten.
- Wird Ihre Mitarbeiterin befördert, denken Sie sich ein Andenken an ihre Abteilung aus, zum Beispiel eine kleine Figur, die sie sich in ihr neues Büro stellen kann.
- Denken Sie sich einen witzigen »Passierschein« aus, mit dem Ihr Mitarbeiter nach einem halben Arbeitstag Feierabend machen kann.
- In einem sehr technischen Arbeitsumfeld kann das schönste Geschenk ein Stückchen Natur sein: Blumenzwiebeln, Samen oder ein kleines Bäumchen.
- Verschenken Sie einen Gutschein für eine Kosmetikbehandlung oder eine Maniküre.
- Schenken Sie Ihrem Mitarbeiter eine Bootsfahrt.
- Ist Ihr Mitarbeiter ein Autofan, freut er sich sicher über eine Probefahrt in einem Ferrari oder einem anderen Sportwagen.
- Spielt Ihr Mitarbeiter gerne Golf, laden Sie ihn einmal in einen exklusiven Golfclub ein.
- Schenken Sie Ihrer Ski fahrenden Mitarbeiterin einen Tag in ihrem Lieblingsskigebiet – sämtliche Kosten übernehmen natürlich Sie.
- Verschaffen Sie Ihrem Mitarbeiter die Gelegenheit, auf einer Autorennstrecke seiner Wahl Runden zu ziehen oder in eine andere Extremsportart hineinzuschnuppern.
- Spenden Sie der Wohltätigkeitsorganisation, für die sich Ihr Topmitarbeiter engagiert, Geld im Wert eines Teamarbeitstages.

Für besondere Teamerfolge

- Veranstalten Sie an einem Freitag ein Tischtennisturnier oder ein Fußballspiel.
- Laden Sie Ihr Team ins Spielcasino ein. Jeder erhält Chips, und die Gewinner lösen sie zum Schluss ein.
- Laden Sie Ihr Team zum Drachenfliegen ein.
- Spendieren Sie zum Mittagessen Pizza für alle.
- Laden Sie Ihre Mitarbeiter Freitagnachmittag ins Kino ein. Der neueste Blockbuster ist noch viel besser, wenn man ihn während der Arbeitszeit ansieht!
- Nach einem extrem arbeitsintensiven Projekt verkünden Sie ein Ein-Tages-Meeting mit Anwesenheitspflicht – in einem Wellness-Tempel mit Schwimmbad, Massage und allem Drum und Dran.
- Bestellen Sie etwas zu essen, und engagieren Sie einen Alleinunterhalter für die Mittagspause.
- Gehen Sie mit Ihrem Team Eislaufen. Den Eintritt und das Ausleihen der Schlittschuhe übernehmen Sie.
- Lassen Sie einen Body-Tattoo-Künstler kommen, der allen Teammitgliedern das Firmenlogo und einen witzigen Slogan aufmalt – mit Henna, natürlich.
- Veranstalten Sie ein Autorennen mit Modellrennautos. Jeder darf sein Modellauto behalten, und der Gewinner erhält einen Preis.
- Engagieren Sie eine Wahrsagerin, die jedem die (glückliche) Zukunft vorhersagt.
- Veranstalten Sie einen sportlichen Wettbewerb, mit Hürdenlauf oder anderen lustigen sportlichen Herausforderungen.
- Bauen Sie mit Ihrem Team einen Schneemann.
- Engagieren Sie eine Musikgruppe, die während der Mittagspause für musikalische Unterhaltung sorgt.
- Bringen Sie zu Halloween Masken und Perücken für alle mit. Wer die schicke Vokuhila-Perücke (vorne kurz, hinten lang) erwischt, muss sie den ganzen Tag tragen.
- Spendieren Sie Ihrem Team an einem heißen Sommertag ein leckeres Eis.
- Überraschen Sie Ihr Team damit, dass Sie die Vorschläge zur besseren Gestaltung des Arbeitsplatzes umsetzen.

- Mieten Sie für einen Nachmittag eine Popcornmaschine.
- Verwöhnen Sie Ihre Teammitglieder morgens einmal mit köstlichen Kaffeespezialitäten – auf Kosten der Firma, versteht sich.
- Organisieren Sie in der Mittagspause ein Grillfest oder lassen Sie einen guten Partyservice kommen.
- Holen Sie das Beste aus offiziellen Anerkennungsfeiern heraus. Sorgen Sie dafür, dass das gesamte Team anwesend ist, wenn Sie Auszeichnungen für besondere Leistungen in Kundendienst, Vertrieb oder sonstigen Bereichen verleihen.

(Schon gut, wir geben es zu. Das waren keine 50, sondern 70 Vorschläge. Doch so ist das nun einmal bei Lob und Anerkennung: Hat man erst einmal damit angefangen, kann man kaum noch aufhören. Und warum sollte man auch?)

365 weitere Vorschläge finden Sie in unserem Buch *A Carrot a Day*. Wenn Sie jeden Tag nur einen Vorschlag lesen, werden Sie eine vorbildliche Führungskraft, der die Ideen nie ausgehen, wie Mitarbeiter belohnt werden können.

Schreib mal wieder

Elektronische Flaschenpost

Bevor Sie jetzt irgendetwas anderes tun, überlegen Sie sich bitte, bei welchem Mitarbeiter Sie sich eigentlich schon längst für seine hervorragende Arbeit bedanken wollten. So, und nun schicken Sie dem- oder derjenigen sofort eine elektronische Postkarte.

Gehen Sie dabei auf einen speziellen Unternehmenswert ein, der für Ihr Team besonders wichtig ist. Werden Sie konkret. Erklären Sie genau, was der Empfänger Ihrer Mail geleistet, und weshalb er damit zum Erfolg des gesamten Teams beigetragen hat. Und dann, bevor Sie es sich noch einmal anders überlegen, klicken Sie auf »Senden«.

So eine E-Mail könnte zum Beispiel folgendermaßen lauten: »Liebe Amy, ich will mich nur kurz bei Ihnen bedanken, dass

Sie bei der Monatsabrechnung so kurzfristig eingesprungen sind. Wie Sie wissen, war Ty mit der Konsolidierung völlig ausgelastet, und ohne Ihre Hilfe hätten wir die Abrechnung kaum rechtzeitig fertig bekommen. Sie haben ausgezeichneten Teamgeist bewiesen, und genau das ist es, worauf es uns hier ankommt. Herzlichen Dank!«

Ist doch ganz einfach, oder? Dann üben Sie es gleich noch einmal. Im Internet gibt es viele Seiten, über die Sie kostenlos elektronische Postkarten versenden können. Auch eine ganz normale E-Mail erfüllt den Zweck, Danke zu sagen. Wichtig ist nur, dass Sie sich überhaupt bedanken.

Bedanken Sie sich regelmäßig, und Sie werden sehen, dass Ihre Mitarbeiter es Ihnen danken werden – durch bessere Leistungen und höhere Arbeitsmoral.

Kapitel 5
Sichtbare Ergebnisse

Ian kam es so vor, als wäre das letzte Arbeiterdankfest erst gestern gewesen. Als er in seine Festkleidung schlüpfte, überschlugen sich seine Gedanken förmlich. Dieses Fest würde ganz anders sein als alle anderen zuvor – und hoffentlich war es das letzte dieser Art! Doch Ian war anscheinend der Einzige, der dieser Nacht mit Spannung entgegensah. Um ihn herum gingen die Hochländer ihrem üblichen Trott nach und bereiteten sich gelangweilt auf die Feierlichkeiten und die Übergabe der Edelsteine vor.

Sie schulterten die obligatorischen Körbe mit Obst und Getreide und machten sich auf den Weg zum Fuße des ersten Berges. Bevor sie auf die Lichtung traten, trafen sie im dichten Unterholz vor neugierigen Blicken verborgen die letzten Vorbereitungen für die Prozession. Flüsternd wurden Körbe zurecht gerückt, und hinter Ian nestelte jemand an seinem Rucksack herum.

Dann erklangen die Trommeln, und der Stammesälteste schritt feierlich auf die Lichtung. Nach einigen Schritten blieb er jedoch so abrupt stehen, dass die ihm unmittelbar auf den Fuß folgenden Hochländer ineinander rumpelten. Durch das Gedränge fielen einige Körbe zu Boden. Das Trommeln geriet aus dem Takt und verstummte nach und nach ganz, als langsam ein Hochländer nach dem anderen aus dem Unterholz auf die Lichtung trat und wie versteinert stehen blieb. Es war unglaublich!

Die Truhen waren leer.

In einer Truhe lagen einige Edelsteinsplitter, aber alle anderen waren leer. In die gespenstische Stille fuhr ein Windstoß, rüttelte am offen stehenden Deckel einer Truhe und ließ die Scharniere quietschen. Dann wirbelte er Staub auf, der als kleine Windhose über die Hügel davonfegte. Alle blickten ihr gebannt nach.

Eine laute Stimme schreckte sie auf.

Es war der Stammesälteste, der sich an den Hochländern vorbeidrängte, die für diesen Berg verantwortlich waren. »Nun gut, Leute. Kein Grund zur Sorge. Es liegen noch einige Berge vor uns. Dann wollen wir uns mal zur nächsten Opferstätte aufmachen.«

Zur Bekräftigung seiner Aussage setzten erneut die Trommeln ein und erklangen auf dem ganzen Weg zum nächsten Berg. Die bedrückte Stimmung schlug um, und die Hochländer sahen der kommenden Zeremonie freudig und in Erwartung kostbarer Edelsteine entgegen. Bis sie die nächste Lichtung erreichten, auf der sie eine fast leere Truhe vorfanden.

Am Fuße jedes Berges erwartete sie dieselbe Enttäuschung.

Als die Hochländer schließlich den letzten Berg erreichten, herrschte bereits blankes Entsetzen unter ihnen. Zu zweit oder zu dritt stolperten sie höchst unzeremoniell auf die Lichtung und erstarrten, überwältigt von dem Anblick, der sich ihnen bot.

Sie hatten erwartet, auch hier nichts vorzufinden. Doch auf der Lichtung standen dicht an dicht Truhen, randvoll mit Rubinen und Saphiren – und sogar Smaragden. Noch mehr Edelsteine waren ordentlich auf dem Boden aufgehäuft, weil die Truhen schon voll waren.

»Was ist denn hier los?«, keuchte der Stammesälteste atemlos im Hintergrund. Er war als Letzter angekommen und klopfte nun mit seinem Spazierstock heftig auf den Boden. Wutschnaubend drängte er sich nach vorne und erstarrte, erstaunt von dem Anblick, der sich ihm bot. Mit einem Ruck drehte er sich um und ließ seinen Blick über die Umstehenden schweifen.

»Wer ist für diesen Berg hier zuständig?«

»Ian«, murmelte jemand, und der Stammesälteste blickte sich suchend nach ihm um.

»Ian, wo steckst du?«, rief er gebieterisch.

Ian schob die anderen Hochländer zur Seite und trat vor.

»Da bist du ja. Ich ... was ... wie hast du?«, stammelte der Stammesälteste und deutete wild gestikulierend auf die gefüllten Truhen und Häufchen aus Edelsteinen.

»Ich habe gar nichts«, sagte Ian leise.

Der Stammesälteste funkelte ihn finster an.

»Wir haben das zusammen erreicht«, sagte Ian. Lächelnd richtete er seinen Blick auf einen Punkt hinter seinem Anführer.

Einige der Hochländer schnappten nach Luft.

Der Stammesälteste hatte es auch gehört. Als ob er sich vor dem, was er sehen könnte, fürchtete, zögerte er einen Augenblick, bevor er sich schließlich umdrehte. Da, neben den Truhen waren ... Konnte er seinen Augen überhaupt trauen? ... Waren das etwa ... Unsichtbare?

Ian ging an ihm vorbei und stellte sich neben Star vor die Gruppe. »Das sind die Wurc-Urs, für die ich verantwortlich bin«, erklärte Ian und deutete auf die Unsichtbaren, die keinen Laut von sich gaben. »Und das ist Star, eines unserer fähigsten Talente.«

Star lächelte Ian an.

»Die Wurc-Urs haben viel durchgemacht, und niemand hat es bemerkt«, fuhr Ian fort. »Sie müssen aber gesehen werden. Und auch unser Erfolg hängt davon ab, dass sie gesehen werden. Ohne sie werden wir alle eines Tages verschwunden sein.«

Der Stammesälteste blickte abwechselnd ihn, die Wurc-Urs und die kostbaren Edelsteine an. Ian hatte sich diesen Moment in seinen Träumen ausgemalt – wie er triumphierend vor den Wurc-Urs stand. Doch etwas nagte an ihm, irgendetwas war falsch. Und dann fiel es ihm ein. Nach einem Augenblick des Zögerns stellte er sich hinter die Wurc-Urs.

Plötzlich setzte ein aufgeregtes Stimmengewirr ein. Unsicher traten ein paar Hochländer nach vorne, um die makellosen Edelsteine zu inspizieren. Einige der Unsichtbaren gesellten sich zu ihnen und versuchten schüchtern, mit ihnen ins Gespräch zu kommen.

Und hinter den Wurc-Urs stand Ian, der das sensationelle Gefühl genoss, noch nie in seinem ganzen Leben so sichtbar gewesen zu sein.

Sichtbare Ergebnisse

Der materielle Wert sichtbarer Mitarbeiter

Wäre es nicht großartig, wenn Sie Ihre Unternehmensziele mit nur einer einzigen Geschäftsstrategie erreichen könnten? Nun, heute muss Ihr Glückstag sein, denn diese Strategie gibt es tatsächlich. Die Treue Ihrer Kunden und Investoren hängt gleichermaßen von der Treue und dem *Engagement Ihrer Mitarbeiter* ab, denn loyale und motivierte Mitarbeiter leisten überdurchschnittlich gute Arbeit. Und wie sorgen Sie für ein hohes Maß an Mitarbeitertreue und Motivation? Durch die *Anerkennung* Ihrer Mitarbeiter.

Die erste wichtige Voraussetzung ist eine Führungskraft, die bereit ist, sich im wörtlichen und übertragenen Sinn hinter ihre Mitarbeiter zu stellen, damit sich diese im Glanz des Ruhmes und der Anerkennung sonnen können.

Marcus Buckingham, Autor von *The One Thing – Worauf es wirklich ankommt*, erklärte es so: »Gute Manager müssen nicht ständig daran erinnert werden, welche Wirkung Sie mit Lob erzielen können. Sie scheinen instinktiv zu wissen, dass Lob keine Reaktion auf großartige Leistung, sondern deren Ursache ist.«

Wenn Mitarbeitern klar wird, dass sich ihre überaus beschäftigten Vorgesetzten tatsächlich die Zeit nehmen und die Mühe machen, sie zu loben, geschieht etwas Erstaunliches. Es schmeichelt ihrem Ego. (Mal ehrlich, wer fühlt sich durch Lob und Anerkennung denn nicht geschmeichelt?) Mehr noch, es wird eine gemeinsame Erfahrung geschaffen, ein »Wir-Gefühl«, ein Augenblick des gegenseitigen Respekts, der zwischen Unternehmen, Vorgesetztem und Mitarbeiter eine emotionale Bindung knüpft. Aufgrund dieser Bindung engagiert sich der Mitarbeiter verstärkt für seine Aufgaben und ist bereit, mehr als die reine Arbeitszeit zu investieren. Dies festigt zum einen die Unternehmenskultur, zum anderen profitiert der Vorgesetzte davon, da er dank hoch motivierter Mitarbeiter, die die eigentliche Arbeit leisten, bessere Ergebnisse für das Unternehmen erzielt. Kurz gesagt, es bildet sich eine höchst engagierte Belegschaft.

Woran erkennen Sie so eine treue Seele von Mitarbeiter? Er wird sich ja wohl kaum den Namen Ihrer Firma in den Ehering gravieren lassen. Nein, Sie erkennen ihn allein an seinem Charakter. Treuen, motivierten Mitarbeitern liegen die Qualität ihrer Arbeit und das Wohl ihres Unternehmens am Herzen. Sie lieben ihre Arbeit. Wie es um das Engagement der Belegschaft bestellt ist, erkennt man wahrscheinlich am leichtesten an den langfristigen finanziellen Ergebnissen ihrer Firma.

Die Untersuchungen von Hewitt zum Thema Mitarbeiterengagement zeigen, dass »das Mitarbeiterengagement in direktem Zusammenhang mit den wichtigsten Unternehmenskennzahlen steht. Dazu gehören Produktivität, Bindung ans Unternehmen, Kundenzufriedenheit, Aktienrendite (Total Shareholder Return, TSR) und Absatzsteigerung. Unternehmen, die das Mitarbeiterengagement verstärken, verbessern gleichzeitig die damit verknüpften Leistungskennzahlen.«

In ihrem Buch *Giving Employees What They Want: The Returns Are Huge*, bestätigen Louis A. Mischkind und Michael Irwin Meltzer die Umfrageergebnisse von Sirota Consulting. Von den 28 Firmen, die an der Studie teilnahmen, gaben 14 Firmen – und zwar diejenigen mit einer hoch motivierten Belegschaft – an, ihre Aktienpreise seien allein im Jahr 2004 um 16 Prozent gestiegen, obwohl der Branchendurchschnitt in diesem Jahr bei sechs Prozent lag. Und sechs der »unmotivierten« Firmen mussten sich mit durchschnittlich um drei Prozent gestiegenen Aktienpreisen zufrieden geben.

Der vielleicht überzeugendste Beweis für den Zusammenhang zwischen Anerkennung und Finanzergebnis wurde im Jahr 2005 erbracht. The Jackson Organization befragte in 31 Unternehmen 26 000 Arbeitnehmer in den verschiedensten Positionen. Heraus kam ein direkter Zusammenhang zwischen Anerkennung, Unternehmensgewinn, Eigenkapitalrendite (Return on Equity, ROE) und Gesamtkapitalrentabilität (Return on Assets, ROA).

Unternehmen, in denen höchstens ein Viertel der Mitarbeiter die Aussage »Exzellente Arbeit wird gewürdigt« bestätigen konnte, verzeichneten lediglich 2,4 Prozent Eigenkapitalrendite jährlich, wohingegen die Unternehmen, deren Mitarbeiter dieser Aussage rundum zustimmen konnten, 8,7 Prozent Eigenkapitalrendite erzielen. Anders ausgedrückt, wird exzellente Arbeit entsprechend gewürdigt, dankten es die Mitarbeiter ihren Arbeitgebern mit einer mehr als dreimal höheren Eigenkapitalrendite.

Doch das ist nur die Spitze des Eisbergs. Die Jackson-Studie wies weiter nach, dass zwischen Anerkennung und Gesamtkapitalrentabilität ein ebenso starker Zusammenhang besteht. Unternehmen, die exzellente Arbeit entsprechend würdigten, wurden mit einer mehr als dreimal höheren Gesamtkapitalrentabilität belohnt als die Firmen, die kaum Wert auf die Anerkennung ihrer Mitarbeiter legen. Da die Gesamtkapitalrentabilität angibt, wie effizient ein Unternehmen vorhandenes Kapital investiert, lässt sich der Schluss ziehen, dass Unternehmen, die hervorragende Mitarbeiterleistungen anerkennen, ihr Kapital deutlich besser anlegen und nutzen können als die Unternehmen, die dieses wichtige Managementtool vernachlässigen.

Allgemein lässt sich sagen, dass Unternehmen mit höheren Umsatzrenditen niedrigere Fixkosten und höhere Bruttogewinnspannen haben. Dadurch genießen sie nicht nur große Flexibilität bei der Preisgestaltung, sondern auch größere finanzielle Sicherheiten im Falle einer wirtschaftlichen Krise. Und wie die Studie herausfand, ist von allen Finanzkennzahlen die Anerkennung der Mitarbeiter der möglicherweise stärkste Einflussfaktor auf die Umsatzrendite eines Unternehmens. Den erhobenen Daten nach verzeichneten die Unternehmen, in denen mindestens 75 Prozent der Mitarbeiter die Aussage »Exzellente Arbeit wird gewürdigt« bestätigen konnten, eine Umsatzrendite von 6,6 Prozent, während die Firmen, in denen höchstens ein Viertel der Mitarbeiter dieser Aussage zustimmte, eine bescheidene Umsatzrendite von einem Prozent erzielten.

Doch lassen wir uns von den vielen Zahlen nicht ablenken. Wichtig ist, dass hinter diesen Zahlen Mitarbeiter stehen – und zwar hoffentlich engagierte, produktive Mitarbeiter.

Der Grund für diesen Abstecher ins Reich der Leistungskennzahlen ist, Ihnen einige Argumente an die Hand zu geben, mit denen Sie die Ausgaben für ein Mitarbeiteranerkennungsprogramm vor Ihrer Unternehmensleitung rechtfertigen können.

Sie hatten ja bestimmt schon immer das Gefühl, dass die Anerkennung der Mitarbeiter das finanzielle Gesamtergebnis beeinflusst. Jetzt können Sie Ihr Gefühl mit harten Fakten belegen.

Kapitel 6
Materialisationen

Müde gähnend rieb sich Ian den Schlaf aus den Augen, als er am nächsten Morgen am Fuße seines Berges auf die anderen Wächter wartete. Die letzte Nacht war kurz gewesen, denn Stunde um Stunde hatten sie getanzt und gefeiert. Heute, da war er sich sicher, würden ihn die anderen Wächter mit vielen Fragen löchern.

Als die Sonne schon in ihrem Zenit stand, hatte er das Warten satt und machte sich auf, die anderen zu suchen. Er fand sie auf dem Wachturm, von wo aus sie halbherzig durch ihre Ferngläser auf die einsamen Berge starrten.

»Was macht ihr denn hier?«, wollte Ian wissen. »Ich habe stundenlang an unserem vereinbarten Treffpunkt auf euch gewartet. Die Arbeiter wollten mit euch in die Berge. Was ist denn los?«

Alle schauten ihn an, aber niemand sagte etwas. Schlagartig wurde ihm klar, was los war. Sie hatten keine Ahnung, was sie nun tun sollten.

»Wisst ihr was? Ihr kommt jetzt einfach mit mir mit.« Als Ian ihre besorgten Gesichter sah, meinte er noch: »Vertraut mir«, und machte sich auf den Weg zum Berg Sakas.

Das Glück war auf seiner Seite, denn bald trafen sie auf Tup, einen der zuverlässigsten und pflichtbewusstesten Wurc-Urs. Er leerte gerade einen Sack Rubine vorsichtig in eine Truhe. Die Wächter starrten ihn an.

»Funktioniert die neue Seilwinde?« erkundigte sich Ian mit einem prüfenden Blick auf die gespannten Seile.

Tup reckte den Daumen nach oben.

Ian wandte sich an die Wächter und erklärte ihnen: »Unser neues System. Es läuft erst ein paar Tage. Tup hat es vorgeschlagen. Dadurch können sich die Wurc-Urs ganz auf die Suche nach den Edelsteinen konzentrieren und sparen viel Zeit, weil sie nicht ständig den Berg hinauf und hinunter steigen müssen. Jetzt können sie den ganzen Tag oben bleiben.«

Der unsichtbare Mitarbeiter. Adrian Gostick und Chester Elton
Copyright © 2007 WILEY-VCH Verlag GmbH & Co. KGaA, Weinheim
ISBN: 978-3-527-50284-4

Noch während Ian den Wächtern das System erklärte, wurde ein Sack heruntergefördert. Tup streckte sich, löste ihn vom Seil und schüttete die roten, blauen und lila Steine behutsam in die Truhe.

»Dank Tup und seiner Seilwinde zersplittern kaum noch Edelsteine«, meinte Ian. »Die Qualität hat sich dadurch enorm verbessert. Und unsere Arbeiter sind froh, dass die anstrengenden Auf- und Abstiege wegfallen, die natürlich auch ein Sicherheitsrisiko darstellten. Außerdem ist die Ausbeute eines Tages viel größer. Und das sind schließlich unsere Ziele: zufriedene Wurc-Urs, Sicherheit bei der Arbeit, eine bessere Qualität und eine größere Ausbeute.«

Er warf einen Blick auf Tup, der vor Stolz strahlte.

»Und wie funktioniert das genau?«, wollte ein Wächter plötzlich wissen. Ian zuckte ob dieser unerwarteten Frage zusammen. Es war das erste Mal, dass ein Wächter an jenem Tag das Wort ergriffen hatte.

»Warum erklärst du es ihnen nicht, Tup?«

Die Wächter hörten Tups Ausführungen aufmerksam zu. Dabei führte er sie langsam den Berg hinauf und erläuterte dabei jeden Schritt des Systems.

Erst gegen Abend kehrten die Wächter zurück. Verschwitzt, erschöpft – und begierig darauf, das Seilwindensystem auch auf ihren Bergen zu installieren.

Am abendlichen Lagerfeuer stellte Ian jedem Wächter die Wurc-Urs seines Berges vor.

Erst als das Feuer beinahe erloschen war, kehrten die Wurc-Urs in ihre Hütten zurück. Die Wächter aber blieben erwartungsvoll sitzen ... Und Ian wusste, worauf sie warteten.

»Sobald ihr gemeinsam eure Ziele festgesetzt habt, lautet der nächste Schritt: Sehen.«

Amüsiert bemerkte Ian ihre fragenden Gesichter und machte sich in der Dunkelheit auf den Heimweg.

Am nächsten Morgen ging Ian zuerst zum Wachturm, da er befürchtete, die Wächter hätten sich vielleicht doch wieder an ihrem vertrauten Platz versammelt. Erleichtert stellte er jedoch fest, dass die Plattform verlassen war.

Neugierig begann er den Aufstieg auf den ersten Berg und holte bald den Wächter ein, der sich auf dem Hauptpfad angeregt mit einem Wurc-Ur unterhielt.

»Ich wusste gar nicht, wie steil dieser Pfad ist. Außerdem ist er nicht gerade die kürzeste Route«, erklärte der Wächter Ian. »Nachdem wir heute Morgen über unsere Ziele geredet haben, zeigten mir die Wurc-Urs einen Trampelpfad, der viel kürzer und einfacher ist. Es wird etwas dauern, bis wir ihn verbreitert und befestigt haben, aber die Mühe lohnt sich garantiert. Die Wurc-Urs wären jedenfalls begeistert, und unseren Ertrag würde es auch steigern. Das Ganze war übrigens Kendalls Idee.«

»Großartig«, meinte Ian. »Du hast also schon gelernt zu sehen. Als Nächstes solltest du dich bei Kendall für seine Idee bedanken. Überleg dir, wie du es heute Abend feiern kannst.«

»Den neuen Pfad? Aber der ist doch noch gar nicht fertig.«

»Du sollst ja auch die Idee anerkennen, nicht ihre Umsetzung«, erklärte Ian geduldig. »Die feiern wir dann ein anderes Mal.«

Lächelnd machte sich Ian auf den Weg, um auf jedem Berg nachzusehen, wie sich die Sache entwickelte. Überall traf er auf erschöpfte und zugleich freudig erregte Wächter, die allesamt einen durchaus zuversichtlichen Eindruck machten.

Am späten Nachmittag erreichte Ian den siebten der acht Berge, dessen zerklüftete Klippen und steil abfallende Wände zweifelsohne die größten Herausforderungen darstellten. Als er die zuständige Wächterin auf die Feier ansprach, entgegnete sie entgeistert: »Es gibt hier nichts zu feiern. Der heutige Tag war für uns alle extrem schwierig.«

»Sicherlich gibt es nicht jeden Tag einen Grund zu feiern. Aber heute ist der erste Tag, an dem ihr alle als Team gearbeitet habt. Wenn das kein Grund zum Feiern ist ... «, meinte Ian. »Ein Fest gibt immer einen Anlass, um das nächste Fest zu feiern. Außerdem ist eine Feier für das Team genau dann am nötigsten, wenn es Schwierigkeiten gibt.«

Auf dem Rückweg fragte sich Ian, ob die entmutigte Wächterin seinen Rat wohl annehmen würde. Er hoffte es.

In dieser Nacht verließ Ian die Versammlung seiner Gruppe für einige Minuten, um zu lauschen. Zu seiner Freude wurde die nächtliche Stille immer wieder von fröhlichem Gelächter und Hochrufen unterbrochen. Besonders freute er sich über das große Freudenfeuer und die Musik am Fuße des zerklüfteten Berges, wo es nichts zu feiern gegeben hatte, außer den ersten Tag der Teamarbeit.

Ein gutes Zeichen. Ian freute sich schon auf den nächsten Tag. Und den übernächsten. Und den überübernächsten.

Nach dieser ersten Nacht des gemeinsamen Feierns schienen sich die Dinge auf der Insel im Mediokren Meer täglich besser zu entwickeln. Die Wurc-Urs stießen regelmäßig auf riesige Smaragdvorkommen – auf allen Bergen. Die Arbeit war einfacher und erfüllender geworden. Die Ausbeute war größer als je zuvor, und die Qualität der Edelsteine einzigartig. Die Wurc-Urs und die Hochländer arbeiteten so eng zusammen, dass man sie auf den ersten Blick nicht mehr voneinander unterscheiden konnte. Jeder wurde mit Respekt behandelt. Jedem wurde zugehört. Gute Arbeit wurde gefeiert. Aber das Beste war, dass es schon lange keine Vaporisationen mehr gegeben hatte.

Und der Schatz wurde größer und größer.

Am Jahrestag des letzten so schockierenden Arbeiterdankfestes, das für die Hochländer und Wurc-Urs den Wendepunkt ihrer Geschichte markierte, fand zum Gedenken ein rauschendes Fest statt.

Als sich die Feier ihrem Ende zuneigte, kletterte Ian auf einen großen Felsen, der von unzähligen Körben voller saftiger, glänzender Früchte umgeben war, und bat um Ruhe. Das Trommeln verstummte ebenso wie die Menge.

»Im vergangenen Jahr haben wir alles erreicht, was wir uns vorgenommen haben«, begann Ian. Hochrufe ertönten. »Aber ich habe gehört, dass in Gesprächen zunehmend von Diamanten die Rede ist. Ihr findet, es ist an der Zeit, Diamanten zu sammeln. Vor vielen Jahren ist es uns schon einmal gelungen, und jetzt wird es uns wieder gelingen. Gemeinsam werden wir zum ersten Mal seit über einem Jahrzehnt wieder Diamanten finden!«

Ohrenbetäubende Trommelwirbel und Begeisterungsstürme brachen aus. Ian sprang vom Felsen und landete neben Star.

Sie lächelte ihn zwar an, doch ihre Augen blickten traurig. Ian wusste, weshalb.

»Wäre schön, wenn Jon noch bei uns wäre, oder?«, fragte er sie. Sie nickte.

Plötzlich begann die Luft um Ian zu knistern. Voller Schreck befürchtete er, dass er sich nun selbst in Luft auflösen würde. Dann vernahm er ein leises Plopp, und plötzlich – unglaublich – materialisierte sich ein Mann aus dem Nichts. Ian erkannte ihn sofort.

Es war Jon. Ian hörte Star vor Überraschung aufkreischen, dann rannte sie zu ihm und umarmte ihn. Auch die anderen Wurc-Urs drängten sich um Jon, und ihre Freude kannte keine Grenzen.

»Wir dachten, du wärst tot«, schniefte Star, die vor lauter Freude in Tränen ausgebrochen war. »Wo warst du?«
Er lachte. »Nein, ich war nicht tot. Ich war dort, wo ich gebraucht wurde. Und jetzt scheint man mich ja hier zu brauchen.«
An Ian gewendet sagte er: »Die Kunde darüber, was auf Kopani geschieht, verbreitet sich wie ein Lauffeuer. Ich gehe jede Wette ein, dass ich nicht der Einzige bin, der sich wieder materialisiert.«
Damit sollte er recht haben. Nach Jon materialisierten sich noch viele weitere Wurc-Urs. Sie alle hatten von den Veränderungen und Erfolgen auf der Insel gehört und kehrten zurück, um daran teilzuhaben. Natürlich war es Jon, dem es gelang, den ersten Diamanten seit Jahren zu finden. Und unzähligen anderen – darunter Star, Remi und Tup – half er dabei, so hoch hinaufzukommen, um ebenfalls Diamanten zu finden.

Auch heute noch erzählen sich Hochländer und Wurc-Urs im flackernden Schein der Kerzen und Lagerfeuer gerne die Geschichte vom Seher, dessen Gabe die Menschen auf Kopani gerettet hat.
»Heute arbeiten wir gemeinsam an unserem Erfolg«, sagt dann einer der Ältesten am Ende der Geschichte. »Es ist unvorstellbar, dass es einmal anders war.«
Manchmal fragt an dieser Stelle ein junger Hochländer energisch im Feuer herumstochernd: »Aber eigentlich arbeiten die Wurc-Urs doch für uns. Wir haben das Sagen, oder?«
In Erinnerung an die alten – die schrecklichen – Zeiten verdüstert sich der Blick derjenigen, die es erlebt haben.
»Es ist viel besser, wenn wir zusammen arbeiten«, klärt der Stammesälteste mit freundlicher, aber bestimmter Stimme den jungen Hochländer auf.
Und es gibt immer ein kleines Kind, das mit ängstlichem Blick auf die tanzenden Schatten fragt: »Wird es jemals wieder Unsichtbare geben?«
»Nein, niemals«, versichert der Stammesälteste beruhigend. »Diese Zeiten sind ein für alle Mal vorbei.«

Materialisationen

Was erwarten Ihre Mitarbeiter?

Es war einmal ein erfolgreicher Topverkäufer, der sein Leben bei einem tragischen Unfall mit einer Knoblauchpresse verlor. (Sie wollen nicht wirklich wissen, wie das passiert ist, glauben Sie uns.) Am Himmelstor wurde er von Petrus erwartet, der ihm eröffnete: »Bevor du dich entscheidest, wo du die Ewigkeit verbringen willst, musst du einen Tag im Himmel und einen Tag in der Hölle verbringen.«
Zuerst musste er einen Tag in die Hölle. Doch statt des Jammerns, Wehklagens und Zähneknirschens, auf das er sich eingestellt hatte, fand sich unser Verkäufer in einer wunderschönen Umgebung wieder, wurde mit köstlichen Speisen bewirtet und unterhielt sich mit faszinierenden Menschen, die aufrichtig von ihm und seinem Leben beeindruckt schienen. Er amüsierte sich königlich. Als sein Tag in der Hölle vorbei war, fiel es ihm schwer, wieder zu gehen.

Nach dieser angenehmen Überraschung fragte er sich beunruhigt, wie es wohl im Himmel sein würde. (*Womöglich war im Leben nach dem Tod ja alles anders herum*, dachte er besorgt.) Doch es stellte sich heraus, dass es im Himmel auch ganz nett war: zarte Harfenklänge, flauschige weiße Wölkchen ... ganz, wie er es sich vorgestellt hatte.

Er überlegte hin und her, doch letztendlich entschied er sich dafür, die Ewigkeit in der Hölle zu verbringen. Dort wurde einfach mehr geboten.

Als er in die Hölle fuhr, erkannte er den Ort jedoch nicht wieder. Unglückliche Gestalten plagten sich bar jeder Hoffnung in glühender Hitze mit sinnlosen Sisyphusaufgaben ab.

»Was ist denn hier passiert?«, fragte er Luzifer entsetzt. »Erst vor zwei Tagen war ich hier und feierte ein tolles Fest mit fantastischen Menschen. Jetzt bin ich von unglücklichen Elendsgestalten umgeben, und die Bedingungen sind absolut inakzeptabel!«

Luzifer grinste ihn herausfordernd an. »Ach so«, sagte er, »vorgestern war Tag der offenen Tür, unsere Informationsveranstaltung für interessierte Bewerber. Aber jetzt bist du mein *Mitarbeiter*.«

Wenn wir diese Geschichte erzählen, ernten wir immer denselben Blick, der besagt: Man könnte glatt drüber lachen, wenn es nicht so traurig wäre. Traurig, aber *wahr*.

Der Eindruck, den potenzielle Mitarbeiter von einem Unternehmen gewinnen – bei den Bewerbungsgesprächen –, hat oft rein gar nichts mit dem betrieblichen Arbeitsalltag gemein. Die gravierendsten Diskrepanzen zeigen sich darin, wie die Vorgesetzten mit ihren Mitarbeitern umgehen.

Stellen Sie sich diese Situation vor: Beim Bewerbungsgespräch genießt die potenzielle Mitarbeiterin die ungeteilte Aufmerksamkeit ihrer Vorgesetzen in spe. Ihr Lebenslauf und die bisherige Karriere werden ausführlich besprochen. Sie wird gefragt, wie sie sich ihre weitere berufliche Laufbahn vorstellt und welche Ziele sie über die nächsten fünf Jahre erreichen will. Sie wird geradezu gedrängt, Fragen zu stellen. In anderen Worten, sie wird beachtet, respektiert, geschätzt und dafür gelobt, was sie bisher erreicht hat. Und dann wird sie eingestellt.

Viel zu oft ändert sich dann alles.

So war es bei Jeff der Fall, der seinen Traumjob bekam – und in einem Alptraum erwachte.

»An meinem ersten Arbeitstag kam ich ins Büro und war sofort wie vor den Kopf geschlagen«, erzählte er. »Kein Mensch wusste Bescheid. Meine Chefin war im Urlaub. Niemand hatte daran gedacht, meinen Schreibtisch aufzuräumen. Der quoll über, weil er als Ablage benutzt worden war, also habe ich erst einmal aufgeräumt und Platz gemacht. Und dann ... na ja, dann habe ich Däumchen gedreht, bis meine Chefin wieder aus dem Urlaub kam. Keiner wusste so recht, was er mit mir anfangen sollte. Das waren die längsten fünf Tage meines Berufslebens.«

Doch es sollte noch schlimmer kommen. Auch als seine Chefin wieder zurück war, hatte sie eine ganze Woche lang keine Zeit für ihn.

»Im Ernst, sie hinterließ mir schriftliche Anweisungen auf meinem Schreibtisch oder ließ mir über Kollegen etwas ausrichten. Manchmal fand ich auch eine Nachricht auf dem Anrufbeantworter oder eine E-Mail vor. Als ich sie bei der monatlichen Mitarbeiterbesprechung endlich zu Gesicht bekam, tat sie, als wäre alles in bester Ordnung, und begrüßte mich mit einem ›Willkommen in unserer Firma‹. Und da ich vermutete, ich würde sie erst wieder nächsten Monat zum Mitarbeitertreffen sehen, drückte ich ihr sofort meine Kündigung in die Hand.«

Glücklicherweise ist das nicht das Ende der Geschichte. Jeffs Chefin unternahm auf der Stelle etwas. Sie traf sich mit ihm und ließ ihn sich seine Frustration und Bedenken von der Seele reden. *Sie änderte etwas.* Und Jeff entschloss sich zu bleiben.

»Ich dachte mir, dass eine Chefin, die bereit ist, kontinuierlich an Verbesserungen zu arbeiten, die mir zuhört und meine Vorschläge aufgreift, die mir die Anerkennung zukommen lässt, die ich brauche, ziemlich ungewöhnlich ist. Das hat mir viel bedeutet.«
Jeff ist nicht der Einzige, der so empfindet. In einer neueren Studie befragten die Nierenberg Group und das Management Institute der Universität von New York Arbeitnehmer, die mit dem Gedanken an eine Kündigung spielten, was sie dazu veranlassen würde, ihr Vorhaben wieder zu verwerfen. Hier sind ihre Antworten:

- bessere Aufstiegschancen,
- Gehaltserhöhung und Sonderprämien,
- mehr Anerkennung für ihre Leistungen.

Ach, und übrigens: Mit einem Vorgesetzten, der die Kunst des Sehens und Feierns beherrscht, muss niemand in einen goldenen Käfig gesperrt werden.

Der Wandel zum Guten

Das Erfolgsrezept heißt natürlich Wandel. Er beginnt mit Veränderungen in Ihrem Büro, sodass Ihre Mitarbeiter es als den Ort wiedererkennen, an dem sie sich beworben und den Arbeitsvertrag unterschrieben haben. Er setzt sich fort mit Veränderungen an den Arbeits- und Verhaltensweisen, die Vorgesetzte im Kontakt mit ihren Mitarbeitern an den Tag legen. Und er endet damit, dass Sie Ihr Unternehmen in einen Arbeitsplatz verwandeln, den niemand freiwillig verlassen will – oder an den jeder ehemalige Mitarbeiter unbedingt wieder zurückkehren möchte.

Ja, auch Sie können Materialisationen bewirken.
Voraussetzung dafür ist, ein Arbeitsumfeld zu schaffen, in dem Mitarbeiter als unverzichtbare, vollwertige Teammitglieder behandelt werden – als Erwachsene, nicht als Kinder, die an die Hand genommen werden müssen; und vor allem nicht als Gegner, die es zu beherrschen gilt. Im Prinzip will doch jeder am Arbeitsplatz nur sein Be-

stes geben und stolz darauf sein können, wichtige Beiträge zu leisten.

Wenn Mitarbeitern aber die Pinkelpause von der Arbeitszeit abgezogen wird, wenn sie beim Verlassen des Gebäudes vom Sicherheitspersonal wie Kriminelle durchsucht werden oder wenn sie feststellen, dass ausgezeichnete Arbeit ignoriert, statt anerkannt wird, stirbt jegliche Einsatzbereitschaft Stück für Stück ab.

In wirklich hervorragenden Unternehmen und Teams sehen und feiern die Vorgesetzten, dass die Mitarbeiter diejenigen sind, die die eigentliche Arbeit leisten. Manager werden darin geschult, jedem einzelnen Mitarbeiter aufmerksam zuzuhören und jeden als einzigartige Persönlichkeit zu betrachten. Und die Belegschaft dankt es ihnen mit Engagement, Leistungsbereitschaft und Loyalität.

Falls Sie nun leicht verzweifelt überlegen, wie um alles in der Welt Sie diese Bedingungen in Ihrem Unternehmen herstellen können, ein kleiner Trost: Anderen ergeht es ebenso. Die wenigsten Führungskräfte haben auch nur ansatzweise gelernt, wie dies bewerkstelligt werden kann. Egal, in welchem Teil der Welt wir uns mit Managern unterhalten haben, gestanden viele zerknirscht ein, keine Ahnung zu haben, wie sie die ihnen unterstellten Mitarbeiter motivieren sollen.

Denkt man einmal über den beruflichen Werdegang vieler Vorgesetzter nach, ist das auch nicht weiter verwunderlich. Da wird der beste Mechaniker der Fabrik, der Labortechniker mit der längsten Betriebszugehörigkeit oder der einzige Ingenieur mit Diplom mal eben zum Vorgesetzten befördert. So qualifiziert diese Mitarbeiter in ihrem Fachbereich auch sein mögen, heißt das noch lange nicht, dass sie auch die Fähigkeiten und Kenntnisse haben, um Mitarbeiter zu motivieren. Schließlich qualifiziert Sie Ihr Führerschein auch nicht dafür, eine U-Bahn zu fahren.

Auch Bill Newby, der bei Xcel Energy für das betriebliche Prozessmanagement verantwortlich ist, erkannte das. »Vor ungefähr einem Jahr stellten wir einen dringenden Schulungsbedarf fest, was Führungsstärke angeht. Bei uns werden Mitarbeiter aufgrund ihrer fachlichen Leistungen, nicht aufgrund ihrer Führungsqualitäten in Managerpositionen befördert. Das heißt, dass wir sie unterstützen und ihnen die erforderlichen Werkzeuge und Schulungsangebote bereitstellen müssen, damit sie gute Manager werden ...«

Genau! Jeder gute Chef braucht die richtigen Werkzeuge, um seinen Beruf ausüben zu können und vor allem, um gut darin zu sein.

Man lernt nie aus

Welche Aufgaben hat ein »Chef« in seinem Beruf zu erfüllen? »Chef sein« heißt vor allem, den Mitarbeitern und ihren Leistungen oberste Priorität einzuräumen. Alles andere – Budgetsitzungen, technologische Problemlösungen, Einführung neuer Produkte und Dienstleistungen, ja sogar einen guten Eindruck bei der Firmenleitung zu machen – sollte dem untergeordnet sein.

Nachdem Kent Murdock als CEO die Leitung des internationalen Beratungsunternehmens O. C. Tanner übernommen hatte, dauerte es nicht allzu lange, bis sich auch ihm diese Erkenntnis offenbarte.

»Ich brauchte eine Weile, bis ich verstand, was es bedeutete, eine Führungspersönlichkeit zu sein. In den ersten Jahren konzentrierte ich mich auf Budgets, Strategien und technologischen Fortschritt, bis mir klar wurde, dass das einzig Wichtige, um das ich (und jede andere Führungskraft) mich kümmern muss, meine Mitarbeiter sind, und dass es meine Pflicht ist, die Anerkennung ihrer Leistungen in die Unternehmenskultur zu integrieren«, erinnert er sich.

Das überrascht uns ganz und gar nicht. Wir – und viele andere – sind der Ansicht, dass Führungsstärke nichts damit zu tun hat, das größte Fachwissen zu haben oder ein »Chefgebaren« an den Tag legen zu können. Führungsstärke ist vielmehr die natürliche Begabung, auf der Basis gegenseitigen Respekts aufrichtige Beziehungen mit Mitarbeitern einzugehen. In solchen Beziehungen ist regelmäßige und ehrliche Anerkennung eine Selbstverständlichkeit. Es ist eine Beziehung, die langfristigen und nachhaltigen Erfolg garantiert.

»Wie in aller Welt wollen Sie Ihr Unternehmen auf Erfolgskurs bringen und halten, wenn Sie erwünschte Verhaltensweisen nicht belohnen, keine Anerkennungsprogramme etablieren und Mitarbeitern keine Chance geben, Verbesserungsvorschläge einzureichen?«, ereiferte sich Bill Newby von Xcel Energy. »Kurzfristig mag es funktionieren, langfristig auf keinen Fall. Die Anerkennung von Mitarbeiterleistungen ist ein strategisches Muss, um den Erfolgkurs zu sichern.«

Da fragt man sich schon, weshalb Schulungen für Führungskräfte alles Mögliche und Unmögliche vermitteln, nur nicht die Kunst der Anerkennung, oder?

Irgendwie ist die Lehre von der Kunst des Managements vom rechten Weg abgekommen und machte uns weis, gutes Management zeichne sich durch rigorose Sparmaßnahmen, die Abwicklung komplexer Projekte und die bunte Gestaltung von Ablaufdiagrammen aus. US-amerikanische Konzerne gaben jährlich Milliarden an US-Dollar für Schulungen ihrer Führungskräfte aus, um speziell deren Führungsqualitäten zu verbessern. Größtenteils vergeblich, wie man schadenfroh feststellen könnte, denn all diese Schulungen haben sich für die Unternehmen kaum gelohnt – was ihnen auch durchaus bewusst ist.

Führungskräfte werden auch deshalb kaum in der Motivation und Anerkennung ihrer Mitarbeiter geschult – selbst wenn das betreffende Unternehmen dies für richtig und wichtig hält –, weil das Topmanagement die irrige Ansicht hegt, es handle sich dabei um etwas völlig Angeborenes, um das man sich überhaupt nicht kümmern müsste ... vergleichbar mit der Tatsache, dass wir automatisch atmen und dass Fingernägel und Haare ja auch ohne unser Zutun wachsen.

Das Witzige an dieser Vorstellung ist, dass es kaum noch etwas anderes gibt, um das wir uns wirklich nicht kümmern müssen. Es ist uns nicht angeboren, feste Nahrung aufzunehmen, die Nacht durchzuschlafen, zu sprechen, zu schreiben, Fahrrad zu fahren, aufrecht zu sitzen oder zu laufen. Anerkennung auszusprechen ist eine Fähigkeit, die wie alle anderen gelernt werden muss. Und sie ist eine Fähigkeit, die man sich nicht unbedingt im Arbeitsleben aneignen kann, egal wie lange man schon berufstätig ist.

Auch viele Jahre Berufserfahrung garantieren nicht, dass ein Manager über Führungsqualitäten verfügt. Stephen P. Robbins, Autor von *The Truth About Managing People*, brachte es auf den Punkt: »20 Jahre Berufserfahrung können auch nur einem Jahr Berufserfahrung mal 20 entsprechen.«

Das einzig gültige Erfolgskriterium eines Managers ist daher seine Fähigkeit, eine Unternehmenskultur zu etablieren, die seinen Mitarbeitern Erfolge ermöglicht. Eine Unternehmenskultur also, in der sie sich geschätzt fühlen und der Firma gerne treu bleiben. In anderen Worten, eine Kultur, deren Inhalte sich um Anerkennung und Lob drehen.

Voraussetzung für eine solche Kultur ist, dass sich Vorgesetzte die Notwendigkeit eingestehen, die Fähigkeit der Anerkennung lernen zu müssen. Den Titel, den John C. Maxwell seinem Buch verliehen hat, finden wir einfach toll: *Weck, was in dir steckt ... und gestalte deine Zukunft.* Es könnte Ihr kleines, persönliches Mantra werden.

Darum geht es auch, wenn Sie lernen, anderen Anerkennung zuteil werden zu lassen. Wecken Sie, was in Ihnen steckt, und erreichen Sie eine neue Entwicklungsstufe. Sie werden deutlich erkennen, in welcher Hinsicht Sie noch an sich arbeiten müssen, doch die Mühe lohnt sich. So eignen Sie als Manager sich das Wissen an, wie Sie Ihrer Abteilung zu neuem Schwung verhelfen und Ihre Mitarbeiter zu ungebremster Leistungsbereitschaft motivieren.

Vor einiger Zeit erhielten wir einen Brief von einer Dame, die auf Wunsch ihrer Firma an einem unserer Vorträge teilnehmen musste. Sie gab zu, dass sie unserer »Anerkennungsschulung« sehr skeptisch gegenübergestanden hatte. Im Verlauf der Schulung wurde ihr jedoch eine Erkenntnis vermittelt, die ihre skeptische Einstellung ins Gegenteil verwandelte – und ihren Managementstil von Grund auf veränderte.

»Sie erwähnten, dass es manchmal gerade dann am wichtigsten ist, etwas zu feiern, wenn es keinerlei freudigen Anlass zu geben scheint. Das ist zwar absolut unlogisch, leuchtete mir aber dennoch ein. Und ich glaube, dass es mir dadurch gelungen ist, eine schwierige Krise zu überwinden. Ich habe während der letzten 23 Jahre an Hunderten von Schulungsveranstaltungen teilgenommen, doch keine hat mir so viel gebracht wie Ihre. Daher möchte ich mich bei Ihnen für diesen überaus nützlichen und praxisbezogenen Rat bedanken.«

Abschließend hatte sie noch in Klammern hinzugefügt: »Wie Sie sehen, habe ich gelernt, hervorragende Leistungen zu loben und konkret darauf einzugehen!«

Und wie Sie sehen, kann jeder Manager, der sich bewusst dafür entscheidet, wecken, was in ihm steckt, und die Zukunft gestalten.

Zusammenfassung
Viel Erfolg!

Rufen Sie sich noch einmal die eingangs erzählte Geschichte über Adrians Vater Gordon Gostick in Erinnerung, der als Konstruktionszeichner bei Rolls-Royce gearbeitet hatte. Seine Worte sprechen Bände. Über seine Arbeit bei dieser hervorragenden Firma vor ungefähr 50 Jahren sagte er:
»Ich wusste genau, was von mir erwartet wurde.«
Festsetzen
»Die Manager unterhielten sich mit uns und hörten zu, was wir zu sagen hatten.«
Sehen
»Auf der Konstruktionszeichnung stand mein Name.«
Feiern
Und er hat »jeden Tag genossen«, was auf alle Fälle als Erfolg verbucht werden kann. Warum? Nun, ganz einfach deshalb:
Ein paar Tage, nachdem wir Gordon erzählt hatten, dass wir seine Geschichte in unserem Buch aufnehmen, rief er uns an, weil er noch etwas loswerden wollte: »Ich habe noch ein bisschen über das Thema nachgedacht. Wenn man sich für seine Arbeit nicht begeistern kann, wird letztendlich jeder Tag zu einer Qual, ganz egal, wie gut man bezahlt wird.«
Dad hat den Nagel auf den Kopf getroffen. (Übrigens, danke Dad!)
Das Geheimrezept für motivierte Mitarbeiter, die bei ihrer Arbeit Erfolge genießen können, liegt darin, dass jeder einzelne Beschäftigte eines Unternehmens morgens aus dem Bett springt und sich auf die Arbeit freut. Und die drei Zutaten dieses Geheimrezepts sind: Festsetzen, Sehen, Feiern. Wenn Sie sich auf diese drei Schritte konzentrieren, stellt sich der Erfolg ganz von alleine ein.
Also noch einmal: Warum verbuchen wir eine motivierte Belegschaft, die sich jeden Tag auf die Arbeit freut, als Erfolg? Weil bis zum

Jahr 2012 56 Millionen Arbeitsplätze zu besetzen sein werden. Der Gründer der Online-Stellenvermittlung Monster erklärte uns gegenüber: »Wer glaubt, Unternehmen hätten im Jahr 1999 schon Schwierigkeiten gehabt, Mitarbeiter zu rekrutieren, sollte sich klarmachen, dass dies nur ein Vorgeschmack darauf war, was 2008 auf uns zukommen wird. In den nächsten fünf Jahren werden wir auf dem Arbeitsmarkt mit einer noch nie dagewesenen Knappheit an Arbeitskräften konfrontiert werden.«

Sie sollten daher gut aufpassen ... auf Ihre Mitarbeiter. Und nicht nur das, Sie sollten ihnen vor allem die gebührende Anerkennung zukommen lassen.

Denken Sie an unser Fallbeispiel über die Kettenreaktion, die durch die Anerkennung eines Mitarbeiters von seinem Vorgesetzten ausgelöst wurde. Zuerst entstand durch das Lob ein Moment der Gemeinsamkeit, den der Mitarbeiter und sein Chef miteinander teilten. Dadurch wiederum fühlte sich der Mitarbeiter emotional mit seinem Vorgesetzten und dem Unternehmen verbunden, was ihn dazu veranlasste, zielstrebig und motiviert an zukünftigen Erfolgen zu arbeiten. Harryette Johnson, die Xcel Energy bei der Preisgestaltung berät, hat die wohltuende Wirkung von Anerkennung am eigenen Leib erfahren.

»Wenn ich gelobt und anerkannt werde, will ich für die Firma erst recht mein Bestes geben. Ich habe dann tatsächlich das Gefühl, als wäre ich ein Stück gewachsen. Das ist sehr wichtig. Die Anerkennung und der Teamgeist in unserer Abteilung sind zwei der ausschlaggebenden Faktoren, weshalb ich jeden Tag gerne zur Arbeit komme. Wir ziehen alle an einem Strang, um gute Ergebnisse abzuliefern. Unser Team wächst an der Anerkennung und dem immer vorhandenen Gefühl, dass uns und unseren Leistungen großer Respekt entgegengebracht wird.«

Abschließend wollen wir Ihnen noch eine letzte Geschichte erzählen, die uns erst kürzlich wieder bewiesen hat, wie unglaublich effektiv Anerkennung wirkt. Scott Christopher ist einer unserer besten Schulungsleiter für Anerkennungsprogramme. Da wir in unserem Unternehmen ziemlich leicht verständliche Ziele *festsetzen*, ist ihm völlig klar, dass der Kunde bei uns König ist. Er gab uns die Gelegenheit, etwas ziemlich Erstaunliches zu *sehen*. An einem Sonntag spät am Abend landete Scott auf dem Flughafen in Cincinnati, US-Bundesstaat Ohio, von wo aus er nach Buffalo im US-Bundesstaat New York weiterfliegen musste, um am nächsten Morgen bei der Rich Products Corp. eine Schulung abzuhalten. Pech für ihn, dass sein Anschlussflug gestrichen worden war.

»Wir haben Sie gleich für den nächsten Flug nach Buffalo am Dienstag eingetragen«, informierte ihn die freundliche Dame am Schalter.

»Dienstag? Ich muss morgen früh um acht Uhr eine Präsentation halten. Und morgen ist Montag«, entgegnete ihr Scott.

Die hilfsbereite Dame am Schalter bearbeitete einige Zeit ihre Tastatur, musste ihm dann aber bedauernd mitteilen, dass sie ihm leider nicht weiterhelfen könne.

Andere hätten nun vielleicht aufgegeben, doch Scott besorgte sich eine Landkarte vom Osten der USA. Von Cincinnati nach Buffalo waren es auf der Karte nur knapp acht Zentimeter, eine Strecke also, die man auch per Auto schaffen könnte.

Ohne lange darüber nachzudenken oder uns anzurufen, schnappte sich Scott den letzten verfügbaren Mietwagen und fuhr die ganze Nacht durch einen Schneesturm nach Buffalo. Um halb sieben hetzte er in sein Hotelzimmer, duschte und war pünktlich um sieben Uhr fertig, als man ihn abholte.

Seine Präsentation war absolut umwerfend. Das behaupten wir jetzt nicht nur, weil Scott für uns arbeitet. Scott trat früher oft als Komiker auf, und als Trainer ist er eine Wucht. Er ist unglaublich humorvoll, reißt jedes Publikum mit und trotzdem hat alles, was er sagt, Hand und Fuß. (Ja, auch wir beherzigen unseren Rat, beim Loben konkret zu werden!) Nach seiner Präsentation legte sich Scott nicht für ein paar Stunden aufs Ohr, nein, er brachte den Mietwagen in das acht Autostunden entfernte Cincinnati zurück, weil er ihn noch am selben Tag wieder am Flughafen zurückgeben musste.

Glauben Sie uns, das war uns eine tolle *Feier* wert! Wir waren von Scotts heldenhaftem Einsatz so überwältigt, dass wir ihm für sein Engagement für den Kunden und seine einfallsreiche Problemlösung vor versammelter Mannschaft gleich zwei Auszeichnungen verliehen.

Und das Beste daran war, dass Scotts mustergültiges Verhalten auch einen alten Hasen lehrte, wo es langgeht. Als vor einigen Monaten Chesters abendlicher Anschlussflug nach Rochester gestrichen wurde, wusste er, was zu tun war. Er mietete sich ein Auto und schlug sich die Nacht um die Ohren, um seinen Termin einhalten zu können. Scott Christopher hat einen neuen Maßstab für den Dienst am Kunden gesetzt und uns allen gezeigt, was lobenswertes Verhalten ist.

Können auch Sie *sehen*, welche Wirkung mit der Anerkennung Ihrer Mitarbeiter erzielt werden kann? Wir sind fest davon überzeugt, dass dies jeder Vorgesetzte tun muss. Und das Schöne dabei ist, dass es kein Halten mehr gibt, wenn man erst einmal damit angefangen hat.

Also, sind Sie bereit? Auf die Plätze, fertig, los: Ziele setzen! Sehen! Feiern!

Und *erfolgreich sein.*

Quellenangaben

Einleitung

Wayne H. Brunetti, *Achieving Total Quality*, White Plains, NY: Quality Resources, 1993.

Kristine Ellis, »Libby Sartain, Vice President of People, Southwest Airlines«, *Schulungsmaterial*, Januar 2001.

Lisa Belkin, »Life's Work, If Chocolate Doesn't ...« *New York Times*, 31. Januar 2001, Zitat aus einer Umfrage von Integra Reality Resources.

Keith Dixon schrieb diesen großartigen Artikel über Präsentismus in *Chief Executive*, Juni 2005. Darin stand die im Harvard Business Review veröffentlichte Statistik, aus der wir zitiert haben.

Del Jones, »Best Friends Good for Business«, *USA Today*, 30. November 2004, Zitat aus den Statistiken von Franklin Covey und Gallup über mangelndes Engagement der Mitarbeiter.

Die Statistiken über Anerkennung, Engagement und Arbeitsmoral stammen aus einer von uns in Auftrag gegebenen und von Wirthlin Worldwide durchgeführten Studie. Die Interviews stammen aus dem Zeitraum vom 6. bis 10. März 2003, befragt wurden 1.000 US-Amerikaner ab 18 Jahren. Die Fehlertoleranz lag bei ± 3,1, das Konfidenzintervall bei 95 Prozent. Die Auswahl der Teilnehmer erfolgte nach dem Zufallsprinzip, stellt also eine repräsentative Stichprobe dar.

Kapitel 1

»Guess What's Still # 1«, *Kudos*, 4. Auflage, Band Nr. 4, Dezember 1998. Zitat von Adele B. Lynn, Unternehmensberaterin, Lynn Learning Labs, HR Fact Finder.

Dody Tsiantar, »The Cost of Incivility«, *Time*, 7. Februar 2005.

Shaoni Bhattacharya, »Unfair Bosses Make Blood Pressure Soar«, *NewScientist. com News Service*, 24. Juni 2003. Der englische Artikel steht unter http://www.newscientist.com/article/dn3863-unfair-bosses-make-blood-pressure-soar.html.

Das Interview mit David Sirota wurde unter dem Titel »Giving Workers What They Want: The Returns Are Huge« im zweiwöchentlich online erscheinenden Informationsblatt *Knowledge@Wharton* der Wharton School der Universität von Pennsylvania am 4. Mai 2005 veröffentlicht. Wir haben mehrfach daraus zitiert.

Das *Gallup Management Journal* ist ein monatlich online erscheinendes Informationsblatt mit Zugriff auf den halbjährlich aktualisierten Index der Mitarbeiterzufriedenheit und anderen interessanten Beiträgen. Unsere Zitate stam-

Der unsichtbare Mitarbeiter. Adrian Gostick und Chester Elton
Copyright © 2007 WILEY-VCH Verlag GmbH & Co. KGaA, Weinheim
ISBN: 978-3-527-50284-4

men aus der Statistik des Artikels von Steve Crabtree, *Gallup Management Journal*, 10. Juni 2004.
»U.S. Job Satisfaction Keeps Falling«, *The Conference Board*, 28. Februar 2005.

Marcus Buckingham und Curt Coffman, *Erfolgreiche Führung gegen alle Regeln. Wie Sie wertvolle Mitarbeiter gewinnen, halten und fördern*, Campus Verlag, 2001.

Tom Rath, »The Best Ways to Recognize Employees«, *Gallup Management Journal*, 9. Dezember 2004.

B. P. Noble, »At Work: The Bottom Line on People Issues«, *New York Times*, 19. Februar 1995, Zitat aus einer Towers Perrin Studie.

Tom Rath und Dr. Donald O. Clifton, *How Full Is Your Bucket? Positive Strategies for Work and Life*, New York: Gallup Press, 2004.

»U.S. Job Satisfaction Keeps Falling«, *The Conference Board*, 28. Februar 2005.

Einige Beispielfragen für Umfragen zu Mitarbeiterzufriedenheit finden sich auf: www.invisibleemployee.com unter »Surveys«.

Kapitel 2

Society for Human Resource Management, Umfrage von 1997 über betriebliche Praktiken zur Förderung der Mitarbeiterloyalität.

Barbara Parus, »Recognition: A Strategic Tool for Retaining Talent«, *Workspan*, November 2002.

American Management Society, Saratoga Institute, *Retention Management: Strategies, Practices, Trends: A Report*, New York: AMACOM Books, 1997.

Marshall Goldsmith, »Retaining High-Impact Performers«, Leitartikel: *Leader to Leader*, vgl. www.Marshall.goldsmith.com.

Candace Walters, »Creating an effective performance appraisal system«, *HR Works.com*, 31. August 2001, Zitat aus Jack Welchs letztem Brief an die Aktionäre.

»A Case for Incentives«, *PFI Newsletter*, November 2002, vgl. Studien der Gallup Organization (über 2.000 Vollzeitangestellte) und der International Society for Performance Improvement. Diese Studien ergaben, dass 39 Prozent der Mitarbeiter in Betrieben mit Anerkennungsinitiativen »extrem zufrieden« mit ihrem Arbeitgeber waren, während es in Unternehmen ohne solche Programme nur neun Prozent waren.

Tom Rath und Dr. Donald O. Clifton, *How Full Is Your Bucket? Positive Strategies for Work and Life*, New York: Gallup Press, 2004.

Elizabeth B. Hurlock, »An Evaluation of Certain Incentives Used in School Work«, *Journal of Educational Psychology*, 16. März.

Wir können Ihnen das Buch unseres Freundes Quint Studer nur empfehlen. *Hardwiring Excellence*, Gulf Breeze, FL: Fire Starter Publishing, 2003.

Wattson Wyatt, Studie über Anerkennungspraktiken, durchgeführt 1998 in Zusammenarbeit mit *Employee Benefits Magazine*.

Pi Wen Looi, Ted Marusarz und Raymond Baumruk, »What Makes a Best Employer«, Hewitt Talent and Organization Consulting White Paper, 2004.

Clare Fitzgerald, »The Human Factor«, *Insight*, das Magazin der Illinois CPA Society (September/Oktober 2004), Zitat von William Bliss.

Eine ausführliche Berechnungsmethode zur Ermittlung der Kosten bei Mitarbeiterfluktuation finden Sie auf: www.invisibleemployee.com unter »Turnover«.

Kapitel 3

Bei den Informationen über Cotton Fitzsimmons haben wir Mike Tulumello aus einem Artikel der *East Valley Tribune*, 26. Juli 2004, zitiert; weitere Quellen waren der Bereich »History« unter nba.com/history/fitzsimmons_040726.html und die Website von Moody Church Radio News: moodychurch.org/radio/newsletters/Vol2No3.pdf.

Ian Stewart, *Spielt Gott Roulette?*, Birkhäuser, Basel 1990.

Maggie Rauch, »Cash and Praise a Powerful Combo«, *Incentive Magazine*, 1. Juni 2003.

Peter Economy und Bob Nelson, *Management für Dummies*, Wiley-VCH, September 2005, Zitat von Paul Smucker.

American Express Incentive Services Website FAQ: Studie von Wirthlin Worldwide, durchgeführt im März 1999, Teilnehmer: 1.010 Angestellte, die befragt wurden, wie sie ihre letzte geldwerte Erfolgsprämie ausgegeben hatten.

Kapitel 4

Jennifer Nii, »Bank Chief Outlines Art of Leading«, *Desert Morning News*, Salt Lake City, UT: 14. Oktober 2004.

Umfrage der O.C. Tanner Recognition Company von 2004.

Marcus Buckingham und Curt Coffman, *Erfolgreiche Führung gegen alle Regeln. Wie Sie wertvolle Mitarbeiter gewinnen, halten und fördern*, Campus Verlag, 2001. Die Autoren gehörten zu den Ersten, die sich für ein wöchentliches Lob der Mitarbeiter aussprachen.

Mehr über Dee Hansford finden Sie unter World@Work »The Magic of Employee Recognition: 10 Proven Tactics from CalPERS and Disney«, Hansford.

Adrian Gostick und Chester Elton, *Führen mit Möhren*, Wiley-VCH, 2006.

Weitere Ideen zur Mitarbeitermotivation finden sich im monatlichen Newsletter »Carrot Culture«, bestellbar über www.invisibleemployee.com.

Kapitel 5

Marcus Buckingham, *The One Thing – Worauf es wirklich ankommt*, Linde, Wien, Februar 2006.

»A Powerful and Engaging New Business Weapon«, *Boardroom*, Ausgabe 43, Artikel 2, Interview mit Paul Osgood von Hewitt.

»*Giving Workers What They Want: The Returns Are Huge*« Knowledge@Wharton der Wharton School der Universität von Pennsylvania, 4. Mai 2005.

Eine Zusammenfassung der Studienergebnisse und weiterführende Vorschläge von The Jackson Group stehen als PDF zum Download auf www.invisibleemployee.com unter »Research« zur Verfügung.

Kapitel 6

»What Will Keep Employees in Place?«, *Sales and Marketing Executive Report*, 12. Februar 2001, Zitate aus der Studie der Nierenberg Group und dem Management Institute der Universität New York, Teilnehmer: über 900 Berufstätige aus ganz Nordamerika.

Stephen P. Robbins, *The Truth about Managing People: And Nothing But the Truth*, London und New York: Financial Times/Prentice Hall, 2003.

John C. Maxwell, *Weck, was in dir steckt ... und gestalte deine Zukunft*, Brunnen-Verlag Gießen, März 2003.

Zusammenfassung

US-amerikanische Arbeitsmarktstatistiken von der Webseite bls.gov/emp.

Paul Michelman, »Your New Core Strategy: Employee Retention«, *Working Knowledge for Business Leaders Newsletter*, Harvard Business School, 26. November 2003.

Über die Autoren

Adrian Gostick ist Autor zahlreicher erfolgreicher Bücher, darunter der im *Wall Street Journal* und der *BusinessWeek* empfohlene Bestseller *A Carrot a Day*, der von der UP international empfohlene Bestseller *The Integrity Advantage* und *Führen mit Möhren*, von dem Larry King von CNN sagt, es sei ein Muss für moderne Manager. Adrians Bücher wurden in 15 Sprachen übersetzt und hunderttausendfach verkauft. Als Experte zum Thema Motivation war er Gast bei ABC und CNBC Television, außerdem schreibt er für *USA Today Magazine, HR Executive* und *Investor's Business Daily*. Adrian ist Geschäftsführer der The Carrot Culture Group, die ihre Geschäftskunden zum Thema Mitarbeiteranerkennung berät. Adrian hat in Strategischer Kommunikation und Führung an der Seton Hall University graduiert, wo er derzeit Gastdozent für Unternehmenskultur ist. Seine E-Mail-Adresse lautet: adrian@carrots.com.

Der unsichtbare Mitarbeiter. Adrian Gostick und Chester Elton
Copyright © 2007 WILEY-VCH Verlag GmbH & Co. KGaA, Weinheim
ISBN: 978-3-527-50284-4

Chester Elton ist Koautor von *Managing with Carrots*, das von der Society for Human Resource Management (SHRM) als Buch des Jahres ausgezeichnet wurde, von *A Carrot a Day* sowie *Führen mit Möhren*. Als Experte zum Thema Motivation schreibt Chester für das *Wall Street Journal*, die *Washington Post*, das Magazin *Fast Company* und die *New York Times*. Die kanadische Zeitung *Globe and Mail* hat ihn einmal als »Jünger der Anerkennung« bezeichnet. Er war Gast bei CNN und in der *Today Show* von NBC Television sowie beim National Public Radio. Er ist ein gefragter Redner und Unternehmensberater für Mitarbeiteranerkennung und ist in dieser Funktion für die O.C. Tanner Recognition Company tätig. Bei der Jahreskonferenz 2005 wurde er zum beliebtesten Redner der SHRM gewählt. Er hat bereits Vorträge in Asien, Europa und natürlich Nordamerika gehalten. Er arbeitet als Berater für Fortune-100-Unternehmen wie Johnson & Johnson, AOL/Time Warner, Avis und KPMG. Seine E-Mail-Adresse lautet: chester@carrots.com.

Besuchen Sie die Website carrots.com oder invisibleemployee.com, um mehr über die Autoren und die Möhrenkultur zu erfahren.

Adrian Gostick / Chester Elton

Führen mit Möhren

Motivieren Sie Ihre Mitarbeiter zu großen Leistungen

2006. 132 Seiten. Broschur.
ISBN-13: 978-3-527-50214-1

"[...] a must-read for modern-day managers. This book provides a great map for establishing goals and rewards in a changing workplace."

Larry King, CNN

Eine Vielzahl von Mitarbeitern führt als Hauptgrund ihres Ausscheidens aus einem Unternehmen den Mangel an Anerkennung an. Sie verlassen also nicht das Unternehmen, sondern die Manager, die ihre Leistung zu wenig gewürdigt haben.

Doch wie genau können Manager ihre Mitarbeiter motivieren? Die Antwort ist einfach: mit Möhren!

Adrian Gostick und Chester Elton zeigen in ihrem Buch wie ein scheinbar so unwichtiges Ding wie eine Möhre im Leben und bei der Arbeit eine große Wirkung hat. Karotten – in Form von Lob und Anerkennung – machen es den meisten Mitarbeitern fast unmöglich ohne Bedauern das Unternehmen zu wechseln. Auf ein Eckbüro mit Fenstern oder einen Dienstwagen kann man verzichten, nicht aber auf ein ausreichendes Maß an persönlicher Wertschätzung. Karotten machen süchtiger als Kartoffelchips – gesünder sind sie auch.

Dabei ist den beiden Autoren ein außergewöhnliches Buch gelungen – witzig und weise zugleich schildern sie in einer Fabel, wie Captain Vex auf dem fremden Planeten Trabant 3 Möhren anbaut und ziehen daraus Schlüsse für das tägliche Verhalten von Managern. So lernen diese von Vex zum Beispiel, dass es »ohne Fleiß keinen Preis« gibt, Karotten gut für die Augen sind und die Auswahl der Möhren und das Wie ihrer Präsentation zählt.

Führen mit Möhren ist ein ideales Geschenkbuch für Manager. Wer die Botschaft beherzigt, bekommt nicht nur Mitarbeiter, die härter und motivierter für das Unternehmen arbeiten, sondern auch noch glücklich sind.

Jo Owen
Effektiv führen
Methoden – Instrumente – Fallbeispiele mit 3 ½ P

2006. 278 Seiten, 25 Abbildungen. Gebunden.

ISBN-13: 978-3-527-50247-9

Anhand von Interviews – rund 700 Arbeitnehmer und 30 CEOs – leitet Jo Owen die Prinzipien und Eigenschaften ab, die eine effektive, nicht perfekte Führungskraft ausmachen. Unerlässlich sind dabei die 3 ½ Ps, die für Personal, Professionalität und Positives Denken stehen. Diese bilden die Performance, die nur zur Hälfte gezählt wird.

Jo Owen konzentriert sich auf das mittlere Management, das nicht nur Mitarbeiter motivieren und führen, sondern auch das Senior Management beeinflussen muss. Anschauliche Fallbeispiele, Schritt-für-Schritt-Anleitungen, tabellarische Übersichten und Case Studies bieten praxisnahe Lösungen.

Owens Leader sind keine Helden wie Dschingis Khan, sondern normale Menschen, die aufgrund ihrer persönlichen Stärken zu bestmöglichen Führern werden und herausfordernde Situationen bestehen.

Der Autor:

Jo Owen ist der Gründer von Teach First, einer Non-Profit-Initiative, die Top-Absolventen als Lehrer verpflichtet und sie zu Leadern ausbildet. Er verfasst Kolumnen für die Zeitschrift »Director« und verfügt über eine 25-jährige Berufserfahrung mit den 70 besten (und einem der schlechtesten) Unternehmen der Welt. Daneben arbeitete er mit verschiedenen Eingeborenenstämmen in Zentralafrika und Neu-Guinea, um ihr Führungsverständnis zu erkunden. Er ist Autor mehrerer Wirtschaftsbücher.